U0121390

大展好書　好書大展
品嘗好書　冠群可期

大展好書　好書大展

品嘗好書　冠群可期

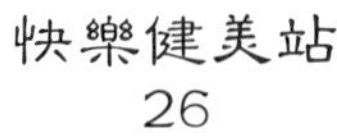

太極操

（附 DVD）

中央電視台科教節目製作中心　創編

總策劃　薛繼軍　岑傳理

策　劃　謝九如

主　編　張砥生　李　爭

編　操　孫玉坤　崔仲三

大展出版社有限公司

國家圖書館出版品預行編目資料

太極操（附 DVD） ／ 中央電視台科教節目製作中心　創編
——初版，——臺北市，大展，2009〔民 98 . 9〕
面；21 公分 ——（快樂健美站；26）
ISBN　978－957－468－704－6（平裝；附影音光碟）
1. 太極拳　2. 運動健康
528 . 972　　　　　98012042

太極操（附 DVD）

ISBN 978－957－468－704－6

創　　編／中央電視台科教節目製作中心
責任編輯／劉　　沂
發 行 人／蔡 森 明
出 版 者／大展出版社有限公司
社　　址／台北市北投區（石牌）致遠一路 2 段 12 巷 1 號
電　　話／（02）28236031 · 28236033 · 28233123
傳　　眞／（02）28272069
郵政劃撥／01669551
網　　址／www.dah-jaan.com.tw
E－mail／service@dah-jaan.com.tw
登 記 證／局版臺業字第 2171 號
承 印 者／弼聖彩色印刷有限公司
裝　　訂／建鑫裝訂有限公司
排 版 者／弘益電腦排版有限公司
授 權 者／北京人民體育出版社
初版 1 刷／2009 年（民 98 年）9 月

定　價／350 元

前　言

《運動空間》（原體育系列教學片）是1996年經由中央電視台總編室批准創辦、北京科學教育電影製片廠（中央電視台科教節目製作中心）負責製作、在中央電視台體育頻道播出的一檔體育教學類欄目。欄目創辦至今已播出了近千集電視節目，向社會推介了數十種體育運動項目及訓練方法。傳播體育知識、傳授運動技能、介紹健身方法構成了欄目的三大內容支柱；知識性、實用性、時尚性和趣味性是欄目一貫堅持的創作風格。《運動空間》在廣大體育愛好者中形成一定的影響力和知名度。

《太極操》創意誕生於2007年初，完全轉化為物質形態歷經了一年多的時間。這是一套具有集成創新特點、擁有自主知識產權、適宜推廣普及、有助大眾健身的大眾鍛鍊方法。它既是《運動空間》欄目2007年的重點項目，也是我中心在文化創意領域裡的一次全新探索。

1997年布萊爾當選英國首相以後，新工黨政府為了振興低迷的英國經濟，下決心發展知識經濟，並於當年7月成立了文化媒體體育部，布萊爾首相親任「創意產業特別工作組」主席，並於1998年11月和2001年提出《創意產業圖錄報告》（Creative Industries Mapping Documents）。這兩份報告將創意產業定義為「源於個體創意、技巧及才幹，透過知識產權的生成與利用，而有潛力創造財富和就業機會的產業。」創意產業這個概念在英國被正式命名後，在短短幾年內迅速地被歐洲、美洲、亞洲等許多有意發展創意產業的國家和地區略作調整後採用。無論是稱創意產業，還是叫文化創意產業，其內涵和多延基本上與英國提出的定義相仿。其產業的界定著眼於整個產業鏈，主要由三個要素構成：產業源頭、產業化路徑、產業的社會效果。其中，特別強調的是產業存在和發展的核心源頭——創意。創意產業在本質上是以創意和知識為核心的產業。

《太極操》創意與創編思想秉持了中華傳統養生哲學、太極文化與現代體操的健身理念，保持民族性，體現時代性，符合科學性，是東西文化相互碰撞、傳統與時尚相互交融、體現集成創新的一次大膽嘗試。創編過程堅持了弘揚中華傳統、推進文化創新、共建和諧社會這樣一個鮮明的文化價值取向。

一個好的創意既要心靈激蕩、思想發揚，更要腳踏實地地實施與實現。在《太極操》創意人的具體指導下，中國健美操創始人、中國健美操協會原副主席、中國著名健美操專家孫玉坤先生，中國太極拳名家、楊式太極拳第五代傳人、中國武術八段崔仲三先生，中國音樂學院作曲系博士生、年輕作曲家溫展力先生，第五屆世界武術錦標賽太極拳冠軍、全國武術錦標賽太極拳冠軍邱慧芳老師，共同進入《太極操》的創編工作。

這期間經專家充分論證、幾易其稿最終完成的《太極操》具有如下特徵：1.科學性；2.實用性；3.時尚性；4.簡單易學；5.易於普及推廣。我期望《太極操》能為提高人們的健康水平和塑造人體美，為「全民健身與奧運同行」、傳播中華優秀傳統文化做件實事。

一個好的創意不僅可以創造一個創意的產品和品牌，還將帶來更大的產業發展前景。作為影視傳媒業，我們要在文化創意、文化製造、文化傳播、文化服務、文化消費、文化交流領域裡不斷耕耘，為貫徹落實科學發展觀，將文化繁榮與發展的成果惠及全民、充分滿足人民群眾的精神文化需求，增強國家文化軟實力，構建社會主義和諧社會作出不懈的努力。

在《太極操》電視節目將於中央電視台體育頻道播出、《太極操》圖書即將出版之際，我代表《太極操》創編組衷心感謝社會各界關心、支持《太極操》的所有人士，並祝全國人民健康、幸福。

北京科學教育電影製片廠

中央電視台科教節目製作中心

薛繼軍

太極操

6

目 錄

一個創意的呱呱墜地

創意人　張砥生　中央電視台《運動空間》欄目策劃
李　爭　中央電視台《運動空間》欄目製片人

中央電視台體育頻道《運動空間》欄目始創於 1996 年，即丙子火鼠年。丙：炳也，如赫赫太陽，炎炎火光，萬物皆炳然著見而明。子：孳也，草木生子，吸土中水分而出，為一陽萌的開始。孩提時代小名叫《體育系列教學片》，曾用名《體育教學》，現大號為《運動空間》。

歲歲年年，年年歲歲，歷經了近一個地支輪迴，全體同仁不約而同自視欄目為一酒館。掌柜（製片人）、大廚（編導）、配菜（攝影）、跑堂（責編）、採買（資料）、帳房（製片）精誠合作，把個小酒館操辦得還算有模有樣。忙時全體動手，不亦樂乎；閒時自酌自飲，談古論今。本酒館門面雖然不大，生意倒也興隆，粗算起來，也有數十億人次好動之客頻頻光顧。

我們，體育頻道的另類：拍體育但不拍比賽。我們，擁有各個體育項目最頂尖的教練員和運動員：沈祥福、劉利福、李富勝、埃弗雷德・加盧斯蒂安、基斯・布倫特、高洪波等是我們《足球》的教練員；黃頻杰是我們的《籃球》教練員；汪嘉偉、辛丕鳴是我們的《排球》教練員；蕭杰、趙劍華是我們《羽毛球》教練員；王越是我們的《網球》教練員；張曉蓬是我們的《乒乓球》教練員……

中國泳壇五朵金花，國家女子網球隊主力隊員李婷、孫甜甜、鄭潔、晏紫，國家足球隊孫雯、申思……等等，是我們節目中的示範隊員。有的運動項目在中國開展的水平雖然不高，但我們的節目與世界最先進的理念同步。經典的範例、前瞻性的趨勢，引導時尚與潮流。細算起來，近千集的電視節目向社會推介了二三十個體育項目的訓練方法。《運動空間》幫你快速學會一項運動是我們欄目的一貫宗旨。

自創一套全新的、適宜推廣普及的、有助於大眾健身的鍛鍊方法是我們一直苦苦追求的。歷經十年的磨練與探索，2007 年初，經過深思熟慮，我們試圖在東西方文化相互碰撞、傳統與時尚相互交融中進行一次大膽的嘗試，提出了創作《太極操》的構想。同時，對《太極操》的創作立意、內涵、外部形態、主體要求、適應人群及未來發展方向等方面作了大致的規劃。

在我們看來，《太極操》應該是一個全新的大眾建身方法，在創編過程中始終堅持弘揚中華傳統、推進文化創新、共建和諧社會這樣一個大目標。創編指導思想是：秉承中華傳統養生哲學、太極文化與現代體操的健身理念，保持民族性，體現時代性，符合科學性。遵循以意領氣、以氣引動、形斷而意不斷、體停而氣不停的創編理念，希望未來的《太極操》在一招一式上，能夠體現陰陽既對立又均衡、此消彼長、富於變化發展的哲學思想。在動作形態上講究柔美、圓潤、舒展、中正、動靜相兼、剛柔相濟、行雲流水、連綿不斷，讓在繁忙的工作中或是休閒在家的人們寧靜下來，調整好呼吸，放鬆一下緊張的心情，在鍛鍊中認真體味每一個動作，充分享受《太極操》的美

妙過程，從而提高人們的健康水平和塑造人體美，為「全民健身與奧運同行」做件實事。

2007 年初，欄目聘請中國健美操創始人、中國健美操協會原副主席、中國著名健美操專家孫玉坤先生開始著手《太極操》的創編工作，並提出了較為具體的創編思路。第一，《太極操》的創編要根據我國古代太極哲學思想及傳統養生理論，結合現代體操，特別是在中國具有廣泛群眾基礎的廣播體操的健身方法，在不太長的時間內（5～6分鐘）鍛鍊全身各個主要部位。第二，《太極操》的創編要有較強的科學性，不能出現違反人體生物力學、運動醫學等方面的錯誤動作。運動量要適中，整套操的編排要比較均衡地鍛鍊與全面協調人體各部位。運動後能夠有效緩解身體疲勞，具有明顯的鍛鍊實效。第三，《太極操》要簡單易學，動作設計要在有效鍛鍊人體各個部位的前提下，儘可能簡單，便於大眾學習和掌握。第四，《太極操》要有現代感和時尚美感。取自於中國太極文化底蘊的《太極操》既不是簡單地模仿太極拳，也不是簡單地模仿廣播體操，它應該是繼承中華優良傳統文化、具有時代感、兼容併蓄多元文化、具有開創性的健身方法。考慮到目前熱點健身方法對大眾的強烈吸引，因此，我們要求動作編排一定要時尚化並富於美感。希望鍛鍊者在優美的動作中喜歡《太極操》，觀看者也能賞心悅目，主動自覺地投身到練習當中。第五，《太極操》最好具有廣泛性並易於普及。希望結合中國人體特點和健身條件，使老、中、青不同年齡段的人群都較為適宜去做，只要有一塊平地，隨時隨地都可以練習，既可以一人健身時使用，也可以作為集體展示時使用，要在最大的範圍內推廣與普及。第六，《太極操》的音樂要原創，希望音樂創作在體現中華傳統文化的同時，還要考慮到國際的認同，即民族性與國際性的結合。要突破以往廣播體操伴奏音樂的模式，不需要廣播體操式的節拍口令，它既是《太極操》的音樂，同時，也可以獨立作為一部音樂作品來欣賞。音樂創作在考慮獨自一人鍛鍊的同時，更要考慮大規模群體會操時的特定情景。為此，我們聘請了中國音樂學院作曲系博士生、年輕作曲家溫展力先生為《太極操》作曲。

2007 年 2 月中旬，《太極操》第一稿完成，音樂框架也已基本成型，創編工作部分達到預想結果，但還存在很多問題。比如：在內容方面：動作難度較大，動作編排過於複雜，運動鍛鍊幅度過強不太適合廣大鍛鍊者學習和掌握。在形式方面：太極感不足，操的比例過大，太極與操的比例大概是 1：9，如果能調成 5：5 則較為合適。動作還不夠優美，缺少吸引人們自覺鍛鍊的魅力。

為了進一步完善《太極操》的創編工作，為後續創編再上新台階打下堅實的基礎，2007 年 3 月，欄目組抱著「醜媳婦不怕見公婆」的態度，誠邀社會各方面專家、學者近二十人為《太極操》的修改與完善出謀劃策。

國家體育總局社會體育指導中心辦公室主任范立仁指出：2008 年北京要辦奧運會，國家體育總局很早就提出了「全民健身與奧運同行」的主題，就是想讓中國百姓與奧運緊密相關，感受奧運、參與奧運。為此，中心透過各種各樣的活動貫徹這個主題。央視體育頻道《運動空間》欄目推出《太極操》的目的也是如此。因為操不需要更多的

場地，不需要更多的器材，老百姓想練、想學習，就能夠對健身有好處，這是一件好事。

北京體育大學體育藝術系主任馬鴻韜說：中央電視台以非常嚴謹的態度請大家來研討，這既是推出一個新項目的需要，也是一次創新。太極有兩個特點，第一個是圓潤，第二個是柔和。目前《太極操》的創編結構還比較合理，符合人體運動學的一般規律。太極和操之間確實有非常大的差異，操有操的編排規律和規則方式，太極有太極的內涵與要求，兩者的碰撞容易，但完美的融合的確是個難題。要做到陰中有陽、陽中有陰，你中有我、我中有你，還是很有難度的。太極名下已經有了太極拳、太極劍和太極扇，以操的形式傳承中國太極文化很有必要，也是可行的，把它推向國際也會比較有力度。《太極操》的創編要注意科學性，包括運動醫學、生理系統、神經系統、呼吸系統、心理系統等方面。科學方面越嚴謹，它的生命力也就越強。

首都體育學院劉海元教授認為：在 2008 年奧運會和「億萬青少年陽光體育運動」這樣的大背景下，推出《太極操》非常有必要。創編《太極操》健身是一個目的，其實還有一個目的就是讓大眾了解太極文化。目前這套操太極的成分比較弱，傳統和現代怎麼結合，怎樣改編，在思路上要明確，要把操和太極很好地結合起來，成為有機的整體。現在的創編還是有一定基礎，但繼續完善還需要更多的努力。

中國社會科學院文學研究所研究員胡曉偉說：咱們既然叫太極操，肯定中國元素是最主要的東西，要圍繞中國元素來再做多一點發掘，再做一個更為完整的包裝。這樣在中國普及起來也會容易一點，同時也更容易走向世界。

中國音樂學院作曲系主任、博士生導師王寧對《太極操》的音樂創作做了專門的評價：音樂還是挺大氣的，有在廣場、社會大型體育盛會播放的感覺，而不是那種室內性的、廳堂化的，它應屬於廣場音樂範疇。整個和聲與配器比較大氣，使用了中國民間器樂，比如古琴與簫，也有西洋樂器。中間用了一些滑音的處理辦法，旋律語言比較當代化，符合當代人的審美。但是，音樂節奏還是有點太多太強。太極那種柔、美、飄的感覺應該再多一點，是不是可以加一些慢板的東西。《太極操》音樂不一定非要「一、二、三、四，二、二、三、四」喊口令，只要在那一個階段把動作做完就行了。太極操的音樂要貼近太極的精神，要圓潤、飄逸。

北京市知識產權局執法處處長張大偉，就《太極操》這一創意文化產業和與之相關的知識產權保護與開發問題發表了重要意見：《太極操》的創意沒有問題，太極是一個概念，操是一個概念，現在把它組合起來，從知識產權角度來講也是創新，這種組合發明有專利的意義。現在講原始創新，集成創新，太極和操的這種組合就是一種創新，關鍵在文化創新過程中如何處理好保護知識產權與推廣普及的關係。

東城區武術館徐雅娟館長、太極拳愛好者鍾祖琴女士、北京市政府直屬機關工委時代新主任、國家體育總局體科所蔡睿研究員、全總宣教部文體處孫全力副處長、中國海員建設工會謝關宇副部長、共青團中央中青創意文化

發展中心鄒大力主任等專家結合自己所在的崗位和分管的工作以及對群眾體育普及現狀的了解，對《太極操》的創編和後續的推廣普及工作也都提出了積極的、具有建設性的意見。

會後，我們又上門拜訪了國際體操聯合會技術委員會原主任馮驥柏先生。馮先生認真觀看了《太極操》徵求意見稿的光碟，結合在國際推廣體操工作的經驗與經歷，認為這是一個很好的創意，創編工作具有一定的基礎。他衷心希望《太極操》能為中國老百姓提供一個新的運動健身方式，它不僅會吸引中國人，也將吸引外國人。《太極操》還將會是中國太極拳推向世界的入門教材，對在國際上推廣中華文化也會起到積極的促進作用。

社會各路專家學者積極、坦誠的意見為我們後續創編工作提供了新動力，開闊了新思路。為了充實創編力量，在張貝健身品牌連鎖機構董事長張貝女士的舉薦下，中國太極拳名家、楊式太極拳第五代傳人、中國武術八段崔仲三先生進入《太極操》創編組工作。

強化太極內涵與形體動作成為創編工作的重點。在節與節之間的動作設計上強調流暢感，體現了太極圓潤、行雲流水、連綿不絕的理念，使整套動作更力流暢。每個動作設計儘可能在健身的基礎上賦予更多的形式美感。同時，刪掉了原來運動量較大、動作過於複雜、缺少太極韻味的跳躍運動。最終，《太極操》稿，共分八節：調息運動、暖身運動、胸部運動、腰部運動、腹部運動、腿部運動、全身運動、恢復運動。

為了更好地在全國電視觀眾面前展示《太極操》，我們開始了嚴格的示範者挑選工作。在眾多的候選者中，既有健美操教練員，也有瑜伽教練員，但我們的目光鎖定了第五屆世界武術錦標賽太極拳冠軍、全國武術錦標賽太極拳冠軍邱慧芳身上。邱慧芳女士自小習長拳，後改練太極拳，具有十分紮實的長拳與太極拳基本功。她舉止端莊大方，談吐文雅，目前在北京理工大學任教，是中國孔子學院客座教授，有著多年普及、推廣太極拳的教學經驗。孫玉坤、崔仲三兩位創編者將自己潛心研究的技術動作要領及內涵悉數教給邱慧芳。十幾年的運動員生涯再加上七年的大學體育教學經歷，使邱慧芳的示範動作獨具特色，她在練習過程中與二位老師共同切磋，有機融入自己積累多年的經驗，進一步完善了《太極操》的動作環節。

2007 年 7 月，TTISS 戶外運動品牌公司為《太極操》設計系列服裝。

2007 年 8 月底，《太極操》攝製組到貴州黃果樹風景名勝區拍攝。風光秀麗、氣勢磅礡的黃果樹瀑布景區為孫玉坤、崔仲三、邱慧芳三人詮釋《太極操》以及邱慧芳演示《太極操》提供了天人合一的場景。

北京景山學校分部、中國交通部交通信息中心、中國工商銀行有限股份公司北京市分行亞運村支行、北京市交通委員會工會聯合會、中國人民解放軍空軍指揮學院、永年太極拳社北京社區代表隊、張貝健身品牌連鎖機構、焦作市體育局等單位近千人參加了電視節目集體演示版的拍攝。這些團隊在很短的時間內進行練習排練，基本達到集體演示的要求，從中也證實了這套《太極操》簡單易學、便於普及的特點。

為了便於全社會推廣，我們邀請中國關愛成長行動組織委員會、全國老齡事業發展基金會、中國職工文化體育協會、中國農民體育協會作為《太極操》普及推廣指導單位。在業務把關方面，聘請了國家體育總局武術運動管理中心作為《太極操》業務指導單位。

2007 年 11 月 11 日，由北京理工大學、永年太極拳社北京社區代表隊共同組建的 140 人《太極操》表演隊，首次公開亮相「好運北京」武術測試賽暨第八屆世界武術錦標賽開幕式。僅僅一週的訓練時間，基本達到團隊表演的整齊劃一，充分展現了《太極操》的風采，獲得主辦者及現場觀眾的青睞與好評，再次驗證了《太極操》創編的成功。

歷經一年的策劃、創編、電視節目拍攝與製作，我們精心培育、細心呵護的《太極操》，就像自己的孩子終於呱呱墜地了。2007 年 12 月，《太極操》在中央電視台《運動空間》欄目首次試播《概述篇》，反響極為強烈，購買光碟者有之，購買服裝者也有之，咨詢辦班學習者更有之。2008 年 2 月，140 分鐘的《太極操》電視教學節目將陸續在體育頻道《運動空間》欄目播出。與此同時，《太極操》高清版也將在中央電視台高清頻道播出。

春去春來，老掌櫃年事已高退居二線，曾經的主廚接掌酒館。在《太極操》面世之時，丁亥火豬迎來了戊子土鼠，一個輪迴，一個時代。我們祈望《運動空間》這個小酒館在大家的關照下，生意紅火，更樂於《太極操》能帶給您與家人健康、和諧與幸福。

在此，我們衷心感謝關心、支持《太極操》創編工作的所有人士。

太極操的創編

《太極操》編操　孫玉仲

一、創編背景

隨著生產力的高速發展，人們生活水平不斷地提高，中國進入了一個提倡科學發展觀、具有中國特色的和諧社會。但是，生產力的提高伴隨著壓力的增大，體育鍛鍊身體的形式相對滯後，一些傳統的健身方法跟不上群眾身體鍛鍊的需求。我們注意到最近幾年，專業的健身俱樂部普遍地發展。大多數白領階層及經濟收入頗豐的人參加鍛鍊健身功法，隨著工間操的逐漸淡去，真正的普及性的健身方法是少之又少，不能滿足廣大人群提高身體素質的需求。體育鍛鍊形式的減少、不健康的營養結構，造成了心血管系統的疾病、呼吸系統的疾病、中度肥胖症，一些工作上、生活上的壓力使人們的免疫功能空前降低，甚至癌症也乘虛而入，給人類的健康和文明帶來了空前的威脅。

太極操的創編人員針對當前全民的健身狀況，在徵求多方專家的意見後，吸取了他們中肯的、非常有建設性的意見，運用中國太極哲學思想和養生觀念，創編了這套適合大眾、特別是適合青少年的太極操。透過太極操的鍛鍊，可以提高習者的健康水準，塑造體形美，使他們動作

和諧，加強美感和協調性，練習中興趣盎然，沒有枯燥感，並達到鍛鍊的目的。

各國的歷史學者達成了一種對現代人類的哲學觀點：「目前人類處於一種憤怒的年輕人的時代。」「憤怒的年輕人的時代」的特徵就是想顛覆過去的工作方法和生活方式，處處感覺不滿和受到壓抑，所以產生了各種疾病，使憂鬱症等各種情緒上的疾病達到了歷史上的最高指數。

太極操講的是心平氣和，在練習時要求心靜如水，氣血暢通，在練習時不被任何不良情緒所干擾，集中意念使人養成一種友善、謙和、豁達的人生觀和價值觀，使人們的禮儀和親善度有所提高，這種整個社會有著普遍的現實意義。

以往傳統的健身方法之間老死不相往來，武術就是武術，舞蹈就是舞蹈，體操就是體操，各種肢體語言表達形式比較固步自封，盲目地強調自家的特點。太極操打破了這種界限，綜合各家之長，賦予古老的、傳統的健身方法以時尚美。太極操把武術做了體操化，或者說是體操的舞蹈化和武術化，是廣大健身愛好者的另一種喜聞樂見的健身方法和運動形式。

二、創編目的

1.國　內

太極操主要為公務員、公司職員、工廠職工及沒時間去健身房鍛鍊的廣大上班人員服務，使之成為人們進行體育鍛鍊的一種運動形式。

2. 國　外

太極操為國外喜愛中國傳統修身養性文化及太極拳的健身愛好者，架起一座簡便的過度橋樑，使他們從中領略到中國太極拳的動作韻味。

3. 發展傳統健身方法

傳統的養生文化應該為現代人的健康服務。依據群眾體育鍛鍊的需求，在創編太極操時努力挖掘和發展中國傳統的養生健身方法，體現中國太極文化與時俱進的強大生命力，因此，太極亦時尚！

三、創編特點

太極操創編最大的特點就是把「意」「氣」「形」的有機結合作為創編的技術指導思想。

1. 意

意，即指太極操的創編原則和創編理念。在太極操的創編中遵循了以下原則、理念：

(1) 太極文化的基本原理

即：陰陽的對立、陰陽的依存、陰陽的消長轉化、陰陽的平衡。太極操的一招一式的編排均體現了上述原理。

(2)老子養生理念

載營魄抱一，能無離乎？（練習太極操時，靈魂與肉體合二而一能不分離嗎？）

專氣致柔，能嬰兒乎？（練習太極操時，專注呼吸而達動作柔美，能像嬰兒一樣嗎？）

滌除玄覽，能無疵乎？（練習太極操時，身心歸一純靜如水，能不被其他物質干擾嗎？）

天門開闔，能無雌乎？（練習太極操時，身與形的升降開合，能做到上善若水般的柔、生、養、不傷嗎？）

2. 氣

太極陰陽說認為：陽為呼，陰為吸，太極操以太極陰陽說為指導思想，採用了升吸、降呼、開吸、合呼、動吸、靜呼的胸式呼吸方法，講究「心息相依」，重視習操時對呼吸的「細」「長」「緩」的呼吸技巧的運用，以提高呼吸的品質，增強練習者的身體素質。

3. 形

以太極文化和老子養生哲學而創編的太極操吸收了太極拳的神韻，而非對太極拳的刻意模仿的翻版，在功能上著力重彩於塑造人體美這一時尚訴求。太極操在動作形態上講究「柔美」「圓潤」「長線」「中正」，動作要求外柔內剛，靜水深流，恰似彩雲追月、行雲流水，連綿不斷。

總之，太極操強調以意領氣，以氣引動，動作斷而意不斷，形體停而氣不停。

四、動作特徵

太極操以體操為主體動作，吸收了體操套路上的創編特徵。

1. 體操、舞蹈、武術動作的融合性

整個太極操的創編意圖本著為提高人們的健康水準和塑造人體美。太極操分成八節操，每節操是為了整體操服務，每個動作設計的出發點都要達到太極操創編的目的，其他的在提高人們的健康水準和塑造人體美以外的任何動作均不被採納，而各種舞蹈和武術的動作形式，均被融合在整套動作之中。

2. 動作的對稱性

人體的生理結構是以對稱發育為特徵的，比如：左臂、右臂，左腿、右腿，上肢、下肢，要想平衡發展，就必須在動作設計時強調動作的對稱性。

練習左就必須練習右，練習上就必須練習下。訓練的強度、密度、肌肉的張力、韌帶的柔韌性、動作的協調性、動作的平衡性、呼吸的節律性、神經弧的運動規律性，都必須符合動作的對稱性。

3. 動作的有序性

動作創編的有序性是非常重要的。或者是從上至下，或者是從左至右，或者是兩側向心，都要講究動作的順

序。比如說，中國的肢體動作最講究的是手、眼、身、法、步，它的秩序性是怎麼一個規律呢？就是手到眼到，眼到身到，換言之，眼隨手動，身隨眼動，是有秩序、有規律的，也就是說，是有序的。太極操的動作設計符合了這一特徵。

4. 動作的重複性

要想提高鍛鍊者的健康水準，必須強調動作的重複性，比如說左臂做 10 次彎舉，右臂也必須做 10 次彎舉，使雙臂均達到鍛鍊的目的。否則練一次兩次，達不到訓練的價值和目的，反而成為一種動作的過場。動作重複多少次為好？多少才是科學有效的？在太極操的創編中，創編人員科學地給予了準確的定量。

5. 動作的簡便性

體操創編的動作特徵之一就是在動作設計時要簡單易學，使練習者看了有興趣學，學了就會，會了就想練，在練習中享受鍛鍊的樂趣、健康的樂趣、藝術的樂趣，使大家在一起享受像過節一樣的氣氛，享受團隊式、家庭式的和諧與溫暖，全面提高生活的質量。

6. 動作的有效性

以往，一段舞蹈或一個肢體動作段落是一種內心情緒的外現，是一種傳情達意的藝術手段，但是對人體的健康和塑造人體美是沒有多大意義的。

太極操的動作創編特別強調以上五點的動作創編特

徵，形式服從內容，局部服從整體，一切動作的設計都體現了提高練習者的健康水準，為塑造人體美的有效性服務。

五、動作美學

與其他舞蹈和武術形式不同，太極操的動作美學，在形態上講究以下 4 點：

1.柔　美

陰柔、美麗，簡稱為柔美，太極操的動作性質為陰。老子講上善若水，他說，水是屬陰的，是美的。水近乎於道，它一瀉萬里，滋潤著大地，是人類生存的第一要素。

太極操的柔美表面看似平靜如水，但是靜水深流，在安靜的表面有深流，是無窮力量的體現，這是動作美學的一個特徵。

2.圓　潤

中國的傳統及現代的肢體動作學者認為，宇宙、地球是圓的，他們極力用自己的形體來描述、反映宇宙及賴以生存的地球，是以圓為美、以潤為美的，反對在動作當中斷、短、拙，提倡動作設計要符合圓潤這個美學特點。

3.舒　展

舒展是指從一點起動，到另一點休止，動作的運動軌跡的長短距離而言。這裡強調的是要把動作做得比較充

分，路線要顯得很長，做得很美，從質感上感覺比較舒展。以往的肢體套路當中的動作設計，比較傾向於動作線條的短粗有力，不大強調動作長線條的發揮。

太極操動作是從一點出發到另一點休止，動作過程的線條要拉長，視覺效果上達到無限長，這是太極操創編動作時的又一美學特徵。

4. 中　正

在人類的運動中，運動專家把人的脊柱作為中線。在太極操動作創編中，始終不偏移脊柱的垂直延伸線，做到中正有形，不偏不倚，使動作顯得大氣盎然，上連天，下接地，真正使動作的設計達到天人合一的美學最高境界。

六、呼　吸

在太極操的創編中，特別講究呼吸、氣的運用。何時吸氣？何時吐氣？要講究形式和方法，使太極操的動作看上去有很強的氣感，始終貫穿著氣息的應用。

因為呼吸止則生命止，呼吸在則生命在，呼吸的鍛鍊方法實質上是一種生命的鍛鍊方法。

1. 呼吸的方法

太極操的呼吸方法為：鼻吸鼻呼、鼻吸嘴呼、鼻嘴同吸同呼，強調心息相依、綿綿出入，吸氣時嘴閉，舌舔腭部，呼氣時舌在下牙處，鼻嘴同呼同吸時，舌在口腔內處於自然位置。太極哲學中陰為吸，陽為呼，遵循陰陽學這一觀點，動作升時為吸，降時為呼，動作開立時為吸，動作合併時為呼，動時為吸，靜時為呼，講究呼吸要細、要長、要緩的技巧和應用。

2. 胸式呼吸

太極操的呼吸方法強調胸式呼吸。吸氣時，空氣須經過鼻腔進入氣管，再進入支氣管、亞支氣管，到達肺部，以肺泡進行氣體交換。所以，太極操的胸式呼吸強調的是深呼吸，在練習時，意識當中必須使氣體達到上述幾個器官，才能真正提高呼吸的質量，以利於身體健康。

3. 呼吸的節奏

太極操一般的呼吸節奏是根據創編的提示，在音樂的伴奏下，有節律地進行，大多為 1 至 4 拍為吸氣，5 至 8 拍為呼氣，基本上屬於一個八拍完成一次呼吸的交換，特殊的節律要求請參照各節操的具體呼吸提示進行。

七、基本姿態

太極操練習者的基本姿態，是心態平和，呼吸自如，雙目平視，身體重心向上，肌肉放鬆，外柔內剛，呈現出一種安詳、友善、歡悅的表情。

八、氣息位置

氣息的位置泛指氣的支點要放的位置，不能放在胸部，放在胸部略感僵硬，放在下腹部略感鬆垮，將氣息的支點輕輕地放在上腹橫膈膜處顯得不僵不垮，不鬆不懈，看上去動作輕鬆自如，是太極操氣息的唯一位置。

九、基本手型

掌　形

五指放鬆張開如梳，拇指略微向內，不要使拙力，做到自如得體。

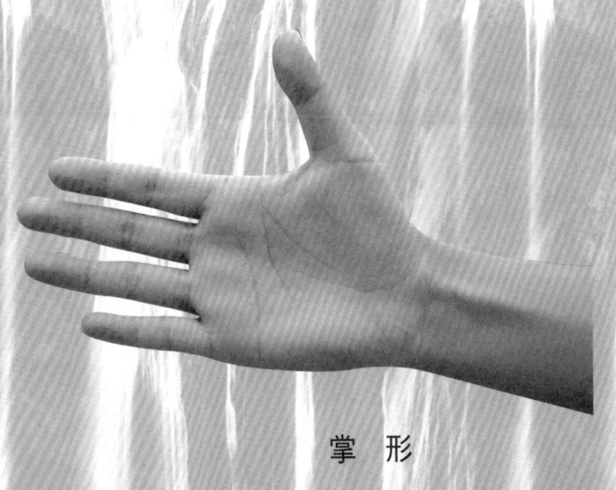

掌　形

立　掌

手形和掌形同上，五指向上直立為立掌。

托　掌

手形和掌形同上，臂上舉，手心向上為托掌。

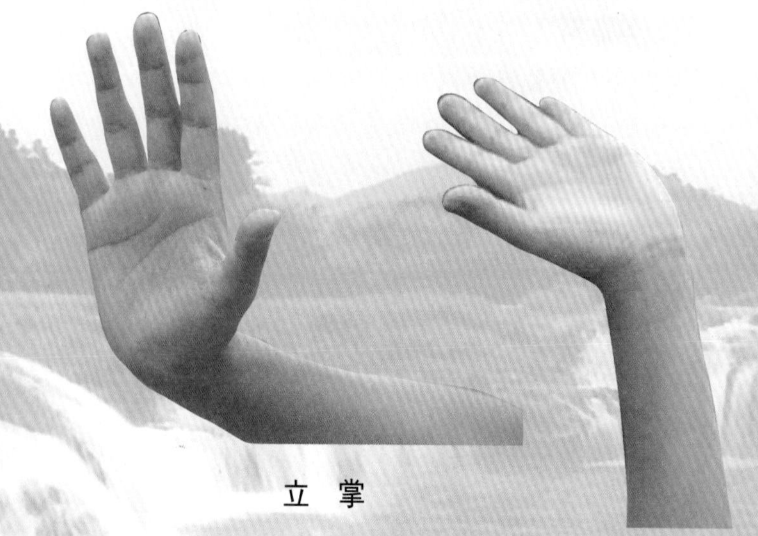

立 掌

托 掌

劍 指

大拇指指心與無名指指蓋相觸，小指靠攏無名指彎曲，第一關節處向下屈指，第二關節處向上為 90°角，食指與中指向外伸直。

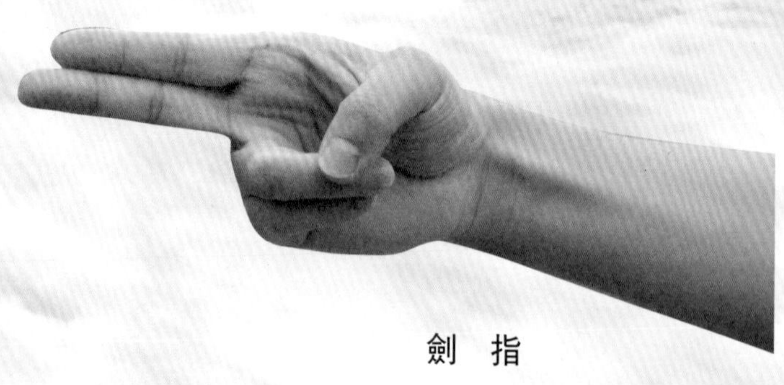

劍 指

抱 球

右手在上，左手在下，雙臂胸前平舉，肘關節彎曲90°，手心相對，或左手在上，右手在下，雙臂胸前平舉，肘關節彎曲 90°，手心相對，此為正抱球。側抱球強調上體向右或左側轉 45°，左手在上或右手在上，雙臂胸前平舉，肘關節彎曲 90°，手心相對為側抱球。

穿 掌

右手在前或左手在前，右臂在前或左臂在前，雙臂以胸前為交叉點，臂在內的手向上側舉，臂在外的手下滑向下側舉，必須做到同時同步為穿掌。右手在上做穿掌時，為右穿掌，左手在上做穿掌時，為左穿掌。

抱 球

穿 掌

十、基本步型

1.正　步

頭頂天，頸部向上自然伸長，面向前，目前視，雙肩平，手臂向下自然放鬆，手心觸大腿外側，脊柱向上直立。收腹，提臀，腿用力伸直，肌肉線條上略有張力。雙腳靠攏，十趾著地，腳心自然離地，形成一個腳心窩，腳跟觸地。

2. 丁字步

丁字步的動作要求同正步，左丁字步時左腳在前，左腳外開 45°角，右腳在後，外開 45°角，左右腳形成丁字，左腳跟觸右腳心。

丁字步

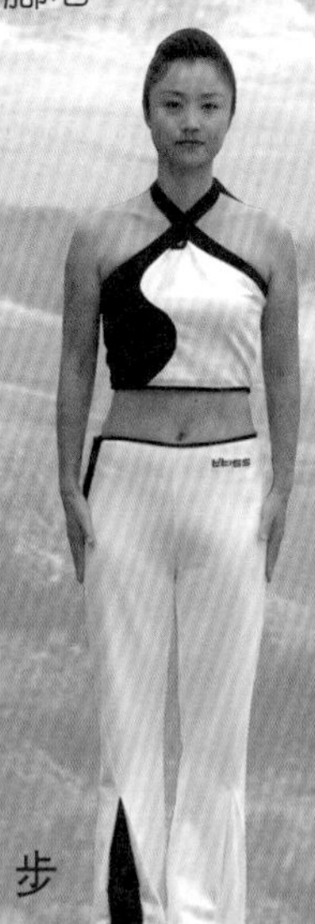

正　步

3. 開立步

開立步的動作要求同正步，一腳向側打開，與肩同寬。

4. 弓箭步

在丁字步的基礎上，一腳向側前邁一大步，形成左右弓箭步，左腳在前時為左弓箭步，右腳在前時為右弓箭步，腳、膝關節和髖部同在一條線上，不能偏移，膝關節不能超過腳趾，否則會出現傷害事故。對上肢的要求同正步。

開立步

弓箭步

5. 馬　步

在開立步的基礎上，雙腿下蹲成 70°，其他部位要求同開立步。

6. 虛　步

在正步的基礎上，左腿彎曲、右腿支撐為左虛步，右腿彎曲、左腿支撐為右虛步。虛步分為正步虛步、前虛步、側虛步。

馬　步

虛　步

7.立　步

在正步的基礎上，雙腿雙腳靠攏，雙腳向上做半腳掌直立為立步。左腳在前側 45°直立時為左直立步，右腳在前側 45°直立時為右直立步。

8.蹲臥魚步

在正步的基礎上，左腳向後側 45°做半蹲步時，要求臀部觸左腳後跟，上身向右側做轉身 45°下蹲，頭擺向左側 45°，目視右後側 45°為左蹲臥魚步。右腳向後側 45°做半蹲步時，要求臀部觸右腳後跟，上身向左側做轉身 45°下蹲，頭擺向右側 45°，目視左後側 45°為右蹲臥魚步。

蹲臥魚步

立　步

9.上　步

在正步的基礎上，左腳向前邁一步，身體重心前移至左腳為左上步，右腳向前邁一步，身體重心前移至右腳為右上步。

10.退　步

在正步的基礎上，左腳向後退一步，身體重心向後移至左腳為左退步，右腳向後退一步，身體重心向後移至右腳為右退步。

上　步

退　步

十一、基本腳型

1. 勾　腳

在正步的基礎上，左腿伸直、五趾向上為左勾腳；右腿伸直、五趾向上為右勾腳。左腳向側 45°或 90°為左側勾腳，右腳向側 45°或 90°為右側勾腳。

2. 繃　腳

在正步的基礎上，左腳腳跟離地、前腳趾觸地為左繃腳；右腳跟離地、前腳趾觸地為右繃腳。左腳向側 45°或 90°為左側繃腳，右腳向側 45°或 90°為右側繃腳。

勾　腳

繃　腳

十二、基本動作

1. 雲手分三種

(1) 立雲手

正步站好，右手在前為右立雲手，左手在前為左立雲手。所謂的立雲手，是一種沿垂直軸的前後畫圓運動。如右立雲手，右臂側平舉，由上至上畫圓 360°；左臂側下舉，從後至前、從下至上畫圓 360°。前後畫圓運動時，雙臂夾角不超過 90°。

(2) 平雲手

正步站好，右手從右側先起動、手背向上為右平雲手；左手在左側先起動、手背向上為左平雲手。

所謂的平雲手，是一種沿額狀軸左右畫圓的運動。如右手在上，左手在下，雙臂向相反的方向畫圓 360°為右平雲手；而左手在上，右手在下，雙臂向相反方向畫圓 360°為左平雲手。

(3) 側行雲手

正步站好，雙腿雙腳動作同側行步，如右手從下至上向右側做 360°畫圓，左手從下至上向左側做 360°畫圓為右側行雲手。

所謂的側行雲手，是一種沿矢狀軸的畫圓運動。如右手先做為右側行雲手，左手先做為左側行雲手。側行步與側行雲手要做到手到眼到，眼到身到，強調手、眼、身、法、步的一致性。

2. 腕　花

正步站好，右手在上，左手在下，右手手背向上，左手手心向上，兩手腕輕輕相觸，右、左手同時沿順時針方向立掌，做 360°腕花動作為右腕花。左手在上，右手在下，左手手背向上，右手手心向上，兩手腕輕輕相觸，左、右手同時沿順時針方向立掌，做 360°腕花動作為左腕花。

3. 穿　掌

正步站好，右腳向右前邁一步，右臂前側舉，左臂側下舉，右臂從下向右上舉，掌心由內翻向外，同時左臂從胸前向右下做划掌，掌心向下。亦可左右方向相反做。

4. 商鞅腿

正步站好，身體轉向右側 45°，左腿向右側上做 70°的側彎舉，右腿直立，左腳向裡摧為左商鞅腿。身體轉向左側 45°，右腿向左側上做 70°的側彎舉，左腿直立，右腳向裡摧為右商鞅腿。

5. 白鶴亮翅

雙腿彎曲 45°，右腿在後為支撐腿，身體重心在右腿，左腳前點地。右臂彎曲上舉，掌心向前，左臂左側下舉，手背向上，目前視，此為左白鶴亮翅。換右腳前點地、左臂上舉、右臂側下舉為右白鶴亮翅。

6. 推掌抱球轉體

兩臂彎曲於體前，右手偏右側，掌心向下，左手偏左側，掌心向上，順時針方向畫圓，同時右腳向前一步，兩臂從下至上至耳後，掌心向前，目前視，兩腿屈膝 90°，向右碾轉 360°，雙手前推在胸前成抱球式，掌心向前，眼視雙手，此為右推掌抱球轉體。亦可左右方向相反做。

十三、練習人群

以中青年上班族為主，帶動學生及老年人練習。

十四、練習場地

1. 室　外

廣場、花園、綠地及灰塵少、沒噪聲的辦公室鄰近處。

2. 室　內

在室內訓練，應先打開窗戶，使室外新鮮空氣流通到室內。

十五、練習時間

1. 工間休息時間練習為宜，一套操約 6 分半鐘。

2. 建議晚飯後、睡眠前 1 小時練習一遍太極操，有利於腸胃消化和血液運行，有利於睡眠質量的提高。

3. 每天做兩遍操，循序漸進，使之逐漸成為習者生活方式的重要內容。

十六、練習服裝

平時練習可以穿較寬鬆的服裝和運動鞋。

太極操動作講解

《太極操》編操　孫玉仲　崔仲三

第一節　調息運動

調息運動傳承了中國養生健身法的起式法，使每一個練習者能進入一個純潔、靜謐的內外環境之中，身體所有肌肉放鬆，意念集中，心無雜念，面帶笑容，呼吸自如，脊柱放鬆而直立，目視前方，中正大方，正步站好。

動作要點：

靜，指練習的環境及人的心理、生理都處於靜謐的萬籟無聲的訓練環境之中。靜才能合，靜才能柔，靜才能美，這是我們東方養生哲學與西方健身方法的不同之處。我們特別強調在訓練當中要入靜，靜才能自知，靜才能調息，使呼吸順暢自由，使空氣綿綿而入，綿綿而出，做到進出無聲。提高呼吸的質量，才能掌握動作的要領和規律，達到比較高的健身養生境界，收到預期的訓練價值。同時，靜也是全套太極操動作的主體基調。

在這一節強調入靜是為了把握和管理自己的情緒，使整套練習由靜到動，由簡到繁，由易到難，由簡單動作到動作藝術的展現。

準　備

原地正步

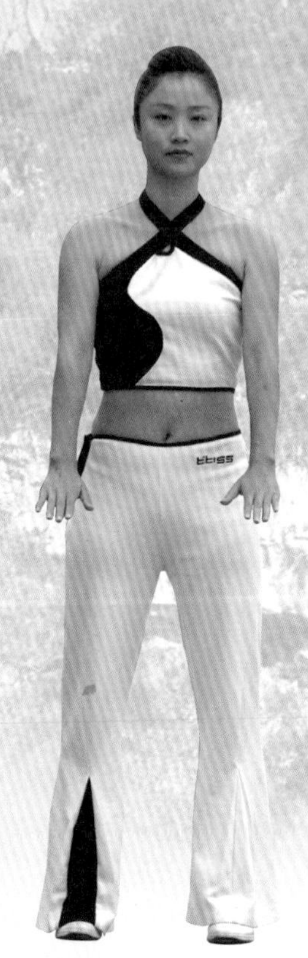

第一個八拍

1–4

兩臂從下至前平舉時，眼隨手動。

1–4 拍要深深地吸氣，意念集中且心平氣和。

5–8

兩臂自前平舉至下舉復原位時，手背向前，眼隨手動，頭微低。

5–8 拍要深深地呼氣，意念集中且心平氣和。

第二個八拍

1–2

下蹲成馬步，兩臂從下至側平舉，掌心向下，眼看左手。

下蹲 70°成馬步，上身必須垂直，頸隨眼動，1–2 拍為吸氣。

3–4

兩臂抱球於胸前，掌心向內於心臟前，似有保護心臟之感，眼看掌心。3–4 拍繼續吸氣。

5–6

保持馬步，兩臂前舉，手外旋翻掌，掌心向下。

做馬步時，兩腳腳尖必須向前，膝關節不能超過腳尖，身體重心不能前移或後移，手做外旋翻掌時，掌心向下，眼視手背。5–6 拍做呼氣。

7–8 拍

左腳收成正步，同時兩臂從抱球位置下移，掌心貼大腿側，復原位。

左腳收成正步時，兩臂抱球位置下移，掌心貼大腿側，復原位的腳同步到位。7–8 拍繼續呼氣。

第三個八拍

同第一個八拍。

1–4

5–8

第四個八拍

同第二個八拍，但眼看右手。

1—2

3–4

5–6

7–8

第二節　暖身運動

任何一種體育鍛鍊的形式，包括競技的和大眾的，特別強調暖身。暖身運動，顧名思義，就是在練習之前將身心調整至可訓練的狀態，使心埋集中意念，在鍛鍊中達到平和，將血液運行提升至平時的 20%左右，使心率提升至身體常態的 15%左右。

血液循環使身體毛細管充血，提高了身體的溫度和熱量，防止在練習時出現傷害事故，是當前體育運動科學化特別值得重視的一個訓練環節。

動作要點提示

舒展。太極操中的舒展是指動作有浩然之氣，動作舒展大方。舒，從生理功能上講是舒服，在心理上也是一種舒適和享受。

從視覺上講，舒展是人們看到美的具有藝術價值的肢體形體動作套路，身心感覺安適和愉悅。從動作特徵上講，舒展是動作的直立感，動作形態表現為運動的福度較大，柔美與力量巧妙地結合，動作大開大合，起伏有致。

準備

正步直立。

做暖身運動要比做調息運動的情緒興奮閥提高一檔，使太極操的發展有層次感。練習者必須置身於此氛圍之中。

第一個八拍

1–2

右臂側上舉，身體向左側轉45°。

轉體時，臂、頭、身體、腳的方向和時間必須同步，此時，眼看左前方45°。1–2 拍為吸氣，但吸氣要輕、要深，不可出聲音。

3–4

右臂下落至胸前屈肘，左臂側上舉，左腿屈膝，右腿向側移一步。

移步時，身體重心依然在左腿上，此時左腿彎曲約 25°。整體動作要自然、一致。3–4 拍繼續吸氣。

5–6

右臂從胸前至右側平舉，左臂上托掌，同時右腿屈膝，身體重心移向右腿。

在做左臂上托舉時，掌心向上，眼隨手動，身體重心的移動必須與整體動作和諧。

5–6 拍呼氣。

7–8

左腳跟步，成半腳掌直立步，左臂托掌上舉，右臂側舉，身體向左轉 45°。

做半腳掌直立步時，強調隻腳掌直立，膝關節伸直，眼視右手。

7 8拍繼續吁氣。

第二個八拍

1–2

左臂前下舉，右臂側上舉，同時身體向左轉 45°，右腿屈膝，左腳向左側 45°移一步。

右臂側上舉時，手心向前，強調眼隨手動，身隨眼動，手、眼、身、法、步和諧統一。1–2 拍為吸氣。

3–4

身體向左側 45°移重心至左腿，右臂屈肘於腹前，左臂上舉托掌，同時右腿後側掖步。

做右腿後側掖步時，左腿為支撐腿，膝儘量伸直，眼隨手動。3–4 拍繼續吸氣。

5–6

右腿向前側一步，右臂側下舉，左臂上舉托掌，同時身體向右轉 45°，面向右前方。

右腿向側前方伸時，強調有探步之意，顯得舒展大方，左臂做托掌上舉時，掌心向上，5–6 拍呼氣。

7–8

右臂側平舉，左臂屈肘至胸前，心手向下，右腳向側後移步，同時左腳跟步成虛步，面向側後方。

右臂側平舉時掌心向外。7–8 拍繼續呼氣。

第三個八拍

1—

兩臂屈肘前舉，右手在上，左手在下，眼看手。

做左腳虛步時，重心移至右腿，眼看手，做腕花前的準備。第 1 拍吸氣。

2—

做旋轉翻花動作，右手在上、左手在下，同時逆時針旋轉 45°。

做腕花順時針旋轉翻花時，形態逼真，恰似蓮花霎時開放。第 2 拍繼續吸氣。

3–4

兩手同時順時針旋轉 45°。翻花時雙手立掌。

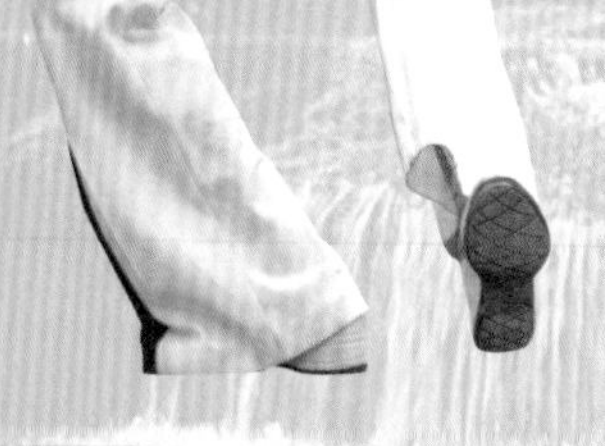

5–6

向左轉 45°，左腳微勾，右腿屈膝，兩手完成翻花至胸前。

眼看蓮花手，左腳向前勾腳做虛步時，右腿在後，身體重心在右腿上。5–6 拍呼氣。

7–8

左腿向左前邁步成弓箭步，左臂側平舉，掌心向下，同時右臂屈肘 90°至身後，掌心向上。

左腿向左前邁步時，成左弓箭步，兩臂同時發力，挺胸，身體直立，動作渾然有力，眼看左手。7–8 拍繼續呼氣。

第四個八拍

1—2

左臂經上向內做揮臂，同時回身，眼看左手。

身體重心和左弓箭步姿態不變，上體右轉約 60°，眼隨手動。1—2 拍吸氣。

3—4

左臂至前平舉，左手經挑掌後立掌，眼隨手動，左弓箭步保持不變。

左手經挑掌時手腕微微上翹，身體姿勢保持不變。3—4 拍繼續吸氣。

5–6

向後移重心成右側弓箭步，右臂側平舉，掌心向下。

向後移重心時，從左弓箭步移成右側弓箭步，同時右臂側下舉約 70°，掌心向下，眼看右手，頭隨眼動。5–6 拍呼氣。

7–8

身體重心前移，右腳跟步，成右側前虛步。上體直立，同時右臂上舉，掌心向前，左臂側平舉，掌心向上，成天女散花式。

右腳向左側前跟步成虛步時，腿做虛步下蹲時，上肢需在意念和感覺上徐徐向上，與下肢形成一種抗力，這是此動作的特點。做天女散花動作時，手心同時做內外旋，遙遙相對。做虛步時，頭、上肢從後同時慢慢轉向前方，做到手、頭、上肢、虛步同步而至。7–8 拍繼續呼氣。

第五個八拍

同第一個八拍，但左右方向相反。

1–2

3–4

5—6
7—8

第六個八拍

同第二個八拍，但左右方向相反。

1—2

3—4

5–6

7–8

第七個八拍

同第三個八拍，但左右方向相反。

1—

2—

3—

4—

5–6

7–8

第八個八拍

同第四個八拍，但左右方向相反。

1−2

3−4

5—6

7–8

第三節　胸部運動

太極操運動的主要功能是滿足時尚的需求，塑造人體美。人體的胸部、腹部、腰部、腿部四個局部的形態美，構成了人體美的主要要素。胸部運動由意念來控制動作，如提胸、夾胸、推胸、展胸和擴胸的練習，如持之以恒，能使練習者的胸部豐滿而富有彈性，塑造胸部的形態美，防止胸部過早地鬆垮和下垂。

塑造女性的胸部曲線美，使胸部結實而豐滿，男性透過太極操的胸部練習，可以發達胸部肌肉，使胸背肌充分得到鍛鍊，達到男性整體美的效果。

動作要點：

到位。從意念上來講，要不浮躁，不走花架子。肢體動作語言的藝術是線形藝術，是從一點起動到另一點休止的線形規定運動。

到位，就是從點到線，每個動作必須充分做到位、做得乾淨，講究動作時的情緒控制和情緒層次的分配。

預備

雙腳開立，與肩同寬，雙手於腹前交叉，掌心向內，頭微低。

開立步的動作要求同正步，左腳或右腳向左側或右側打開，兩腳距離與肩同寬。

第一個八拍

1–2

兩臂側上舉，意念中提胸，掌心向前，頭微昂。

意念帶動胸部牽拉上提，防止胸部下垂，增強胸部肌肉的彈力，使胸部結實而豐滿。1–2拍吸氣。

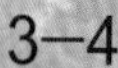

3–4

兩臂上舉，掌心相對，頭向上昂。

兩臂上舉、手心相對時，意念中使整個胸部上提，頭上昂也是為了提胸。3–4 拍繼續吸氣。

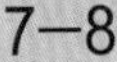

5–6

雙手合十，手指相觸。

意念中使胸部相夾，形成乳溝，胸部外側合力向心使勁相擠，胸部感覺有發熱、發脹之感，從而達到豐滿胸部的目的。此節操主要是胸部外側和內側的練習。5–6 拍呼氣。

7–8

下蹲成馬步，合十手下落與肩平。

手下落時，肘關節要與肩平。第 7–8 拍繼續呼氣。

第二個八拍

1–2

雙手合十，兩臂向前推。

合十的手前推時必須與肩平，意念帶動推胸運動，達到使胸部形態美的目的。第 1–2 拍繼續呼氣。

3–4

兩臂側舉擴胸，立掌，眼看左手。

兩臂從前至側舉時，立掌，同時胸部前挺，充分展開，增大胸部肌肉的橫斷面的體積，以達到豐滿和展胸的目的。3–4 拍吸氣。

5–7

收左腳成正步，兩臂放下，掌心貼腿，眼前視。

收成正步時，腳、臂、手、頭、眼同步，面容是歡悅、慈善的，如同菩薩一般。5–7 拍呼氣。

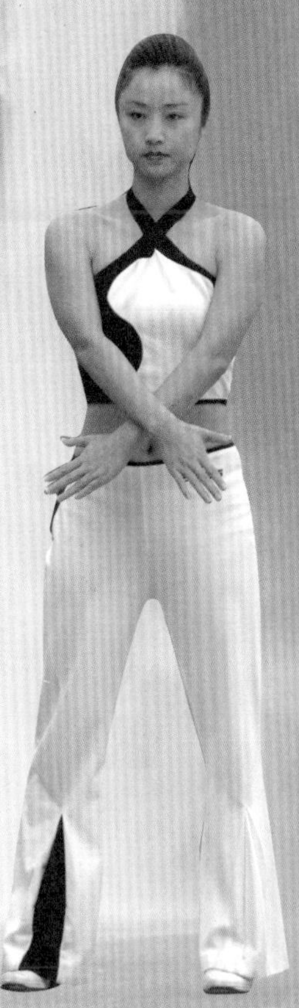

右腳向右側移一步，成開立步，腳與肩同寬，兩臂交叉至小腹前，眼向下看。

開立步的動作要求同正步，右腳或左腳向右側或左側打開，與肩同寬。

第三個八拍

同第一個八拍。

1—2

3—4

5—6

7—8

第四個八拍

同第二個八拍。

1—2

3–4

5–8

第五個八拍

1–2

左腳向左側踏步一次，左臂側下舉，左手逆時針做 360°平轉，右臂側平舉，眼看左手。

平轉時，動作速度快，如同切分一樣，與以上連綿不斷的太極操的韻律不同，要做得巧妙有力，略帶俏皮。這是太極操此段落的特點和神來之筆。1–2 拍吸氣。

3—4

右手在上，左手在下，做胸前抱球，眼看球，雙腳半腳尖上立。

與前面俏皮有力的動作相比，又恢復到柔美、圓潤的動作韻律之中，兩臂抱球，兩腳半腳掌直立，身體上升時，給人一種祥和之感，眼視前方。3—4 拍繼續吸氣。

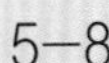

5—8

兩腿下蹲，身體徐徐下降，右腿為支撐腿，左腿為動作腿。

上肢和下肢是一組對抗力，上肢由頭帶動向上伸展，下肢雖做下蹲，但也略感有彈性壓力而徐徐下降。要控制整個身體的張力，不能做頓挫一步到位的動作。5—8 拍呼氣。

第六個八拍

1–2

出左腿，向左轉體，兩手握拳，前臂交叉於胸前，左手在外，眼看手。

兩臂與手要夾胸有力；上下肢動作必須同步。1–2 拍吸氣。

3–4

左腿側弓步，右腿伸直、勾腳，左臂屈肘於肩側，似拉弓動作，右臂側平舉，右手握拳，拳心向前，順勢擴胸，眼看右側方，成后羿射日之勢。

出左腿要用力，成左弓箭步，右腳向上勾腳，左臂彎曲時手、肘、肩保持水平，左拳拳心向裡。后羿射日之勢強勁有力，具有陽剛之氣。3–4 拍繼續吸氣。

5–6

左臂側平舉，其他姿勢不變。

兩臂側平舉時，情緒稍有緩和，恢復到柔美的動作韻律之中。5–6 拍呼氣。

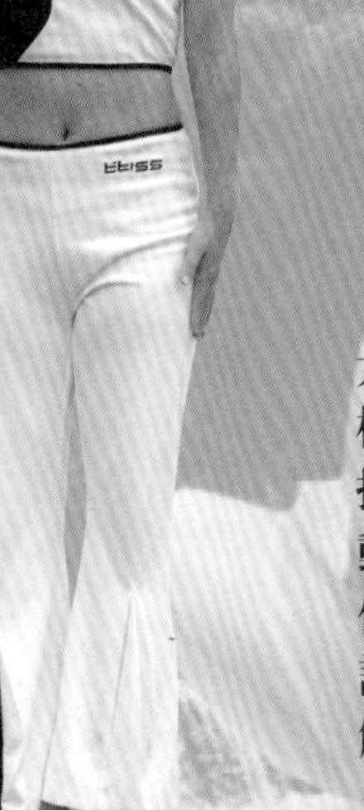

7–8

收右腿成正步，兩臂放於體側，掌心貼腿，眼前視。

收腿與兩臂放下動作必須同步，眼看右手，第 8 拍轉向前視。7–8 拍繼續呼氣。

第七個八拍

同第五個八拍，但左右方向相反。

1–2

3–4

5–8

第八個八拍

同第六個八拍，但左右方向相反。

1–2

3–4

5–6

7–8

第四節　腰部運動

細腰、豐乳、翹臀、長腿一直是傳統和現代對女性美的評判標準。腰腹是一組前後對應的生理結構器官，換言之，練腰即練腹，收腹即收腰，纖細的腰部美是產生女性婀娜多姿的動態美的生理物質基礎，腰部的練習是太極操的重要組成部分。

由擺腰、臥魚擰腰、展腰、轉腰以消耗腰部多餘脂肪，使腰部的局部符合整體美的標準。

動作要點：

柔。在太極陰陽哲學中，講究柔，柔為陰，以柔為美。柔韌的腰肢是女性曲線美的重要部位，在中國古典舞中，訓練腰部的動作繁多，各種翻身使人看了目不暇接，有點翻身、踏步翻身、次翻身、竄翻身、點步翻身兼後臥魚，這些享譽中外的動作美的典範，都離不開柔美的腰部。國外的一些舞蹈肢體語言，也強調腰部動作的協調性和柔韌性，就是肚皮舞、拉丁舞也離不開腰部的運動。在現代生活美學中，人們自然很欣賞那些符合時尚人體美的標準。所以，柔，應當是生理美、動態美的前提，長期的、科學的、有序的腰部練習可以使粗腰變細，減少腰部多餘的脂肪，使腰部靈活，保持現代女性的挺拔而玲瓏有致的體形美。做擺腰、擰腰、展腰、轉腰的動作，尤其強調動作瞬間的發力和加速，以消耗腰部的脂肪，這是實現腰部練習目的的需要。

柔是太極操的特點，貫穿腰部訓練的始終，發加和加速是它瞬間的特徵。由身體左、右、上、下的抗力實現腰部的訓練價值。練習腰部時，要根據個體訓練條件的不同，在教練員的指導下從簡到繁、從易到難、從小幅度到大幅度循序漸進地訓練，不能一步到位。不按照運動規律魯莽地練習腰部，極容易使腰部受到傷害。

第一個八拍

1—

右腳向前側一步，右臂前側舉，左臂彎曲前下舉，掌心向下，眼看右手做平抹步。

右臂與右腿動作同步，眼看右手，手、眼、腳、身的動作協調一致，身體重心在左腿上。第 1 拍吸氣。

2—

繼續做平抹步，右腿彎曲為支撐腿，左腳向右前成虛步，兩手於體前，掌心向下，逆時針方向同時畫圓至右臂向左側推掌，左臂側舉，擰腰，眼看右手。

左腿屈膝約 70°，上體順時針轉 45°。第 2 拍繼續吸氣。

3–4

重心移至右腿，左腿彎曲為虛步，左臂前舉，掌心向下，右臂屈肘於體側，眼看左手。

身體重心移至右腿時，眼隨左手而動。第 3–4 拍繼續吸氣。

5—8

身體向左擰腰 90°，左臂彎曲側舉，掌心向下，右手向左做推掌，左腿向前落地，眼看左手。

右手向左做推掌時，掌心必須向內，同時加速加力，上體向右前方。左腿向右側前伸時，儘量放長，腳尖點地。以髖部為中心，上肢與下肢相夾，做到瞬間的加速和加力，以消耗腰左側脂肪。5—8 拍呼氣。

第二個八拍

同第一個八拍，但左右方向相反。

1—

2—

3–4

左腿伸直，右臂前舉，同時屈右腿至左腿側，眼看右手。

5–8

右腳向前一步，左腿彎曲成交叉步，右臂微屈側舉，掌心向外，左臂屈肘於腹前，掌心向外，眼看右手，做右擺腰。

第三個八拍

1—

右臂屈肘前上舉，掌心向上，左臂前舉，掌心向上，做雲手動作，同時左腳向右前上一步，右腿交叉在後，眼看右手。

身體重心在右腿上，上體微微向後傾。第1拍吸氣。

2—

身體姿勢保持不變，繼續做右雲手動作，眼看手。

兩臂胸前彎舉，掌心向上。第2拍繼續吸氣。

3—

立身，重心移至左腿，左臂曲至前上，右臂彎曲至側，掌心向上，眼看右手。

身體重心瞬間移至左腿，在 3 拍中做完雲手，第 3 拍繼續吸氣。

4—

左臂彎曲前舉，右臂與左臂交叉於胸前彎舉，右臂穿掌上舉，掌心向後，眼看手，左臂側後舉，掌心向下。

身體重心完全移至左腿上，右臂上舉，與右掖步的腿成為一條直線，仰頭，眼看右手，掌心向後；左臂側後舉時要撐住力量。第 4 拍繼續吸氣。

5–6

右臂屈肘 90°側舉，掌心向下，左臂側舉，掌心向下，向左側 45°擰身，眼看左手。

此動作是擰腰臥魚的一個過程，不強調故意形成姿態，但身體重心需保持如圖的位置。

7–8

右臂向左側下插，左臂屈肘右上舉，上臂與肩平，掌心向外，做蹲步臥魚式，重心在左腿上，眼看左側後方。

做擰身蹲步臥魚時，上肢與下肢方向相反，瞬時加速發力，目的在於消耗腰側多餘的脂肪，還鍛鍊身體肌肉的控制能力。5–8 拍呼氣。

第四個八拍

1–8

右手下翻至右臂後上舉，掌心向前，左臂前舉，掌心向上，右腳在前，左腳在後，做蹲步交叉步，眼向前看，展腰。

晃手上步時上體微微前曲，5–8 拍時慢慢展腰，動作要做得很充分，以鍛鍊前後腰的柔韌性和消耗前後腰的多餘脂肪。1–4 拍吸氣，5–8 拍呼氣。

第五個八拍

1–2

右腳向前一步，右臂側平舉，眼看右手。

此動作強調上步擰身，上肢留在身後約 120°，形成擰腰。1–2 拍吸氣。

3–4

兩臂向後做雙晃手，眼看手。

隨著上步重心前移，眼看手。3–4 拍繼續吸氣。

5–8

左腳向前一步，右腿在後成交叉步，重心在右腿上，左臂後上舉，掌心向前，右臂前平舉，手心向上，眼看前方，做展腰動作。

收腹後，上體向後移動，腹部伸直，重心後移，以消耗腰部前後的多餘脂肪。5–8 拍呼氣。

第六個八拍

同第三個八拍，但方向相反。

1—

右腳向後側撤一步做雲手。

2—

左腳向後側撤一步，繼續做雲手，眼看手。

3—

右腿向後一步，左腳再向後一步，繼續做雲手。

此動作強調意識，雖然是撤步，但是身體重心感覺依然在前。

4–

手到眼到，身到腳到，動作一致，重視此動作的直立感。

5–6

此動作是個過渡動作，不強調它的基本造型，身體重心保持在前，5–6 拍呼氣。

7–8

第七個八拍

1–2

立身向前，右腿彎曲，左腿向左側邁步勾腳，兩臂屈肘，兩手交叉於胸前，右手在裡，眼看手。

身體重心保持在右腿上，做勾腳弓箭步，兩臂從上舉至胸前交叉。1–2拍吸氣。

3–4

身體向左側轉體 45°，眼看手，身體姿勢不變。

此動作重心在右腿上，但是向左側轉體時，為兩腳擰動，姿勢不變。3–4 拍繼續吸氣。

5–8

向左側轉體 90°，左腿屈膝 90°，右腿在後伸直，兩臂側平舉，立掌，眼向後看，做轉腰動作。

做弓箭步時，右腿膝關節須伸直，腳尖點地；向左側轉體 90°時，必須加速加力，以消耗腰部多餘脂肪。5–8 拍呼氣。

第八個八拍

同第七個八拍，但左右方向相反。

1–2

3–4

5–8

第五節　腹部運動

腹部運動是上肢與下肢在不同方位的抗阻力運動，以消耗腹部脂肪。腹部脂肪的堆積是體形美的大敵，學生和職工、幹部每天工作和學習的時間為 6～10 小時，腹部的脂肪堆積是很自然的事情。腹部運動不強調在工間或課間做整套太極操，可靠牆而站，或扶桌而站，或單獨練習腹部運動，日積月累、循序漸進，可以消耗腹部的多餘脂肪。如果每天做四次腹部的太極操動作，約消耗 150 卡路里，可收到很好的鍛鍊效果。

透過不同體位的吸腿和收腹運動，可以消耗腹部多餘脂肪，使腹部扁平。在練腹部的同時，腰部肌肉也得到了充分鍛鍊。腹背是指前腹後背，伸展的同時，腹背全得到了鍛鍊。

動作要點：

脆。與太極操其他部分的外柔內剛、連綿不斷、行雲流水般的動作不同，腹部運動要求力的爆發，動作戛然而止，乾淨俐落，曰為「脆」。

「脆」的質感是瞬間力的控制，上肢、下肢與腹部抗阻力的動作設計，需要有很強的腹部肌肉的張力，才能使動作達到完美要求。

第一個八拍

1—4

向前吸左腿成 90°，右臂屈肘前舉，掌心向下，左臂屈肘後舉，掌心向外，眼向前平視。

1、2、3 拍為過渡動作，第 4 拍時要求力的爆發，動作的突然休止，成一個乾淨俐落的吸腿收腹造型，腹部的左垂直肌得到充分的鍛鍊，以消耗腹部左側的多餘脂肪。1—4 拍吸氣。

5—6

兩臂經腋下掏手後，向前平舉，吸腿姿勢保持不變，眼向前看。

此動作強調吸腿的角度不變，腹部肌肉繼續保持高度的張力。5—6 拍呼氣。

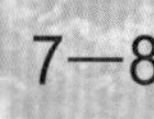

7—8

收左腿成正步，兩臂於體側，掌心貼腿，眼向前看。

左腿收腿為正步時，依然有牽拉左腹之感，使腹部充分得到鍛鍊。7—8 拍繼續呼氣。

第二個八拍

同第一個八拍，但換右腿做。

1—4

5—6

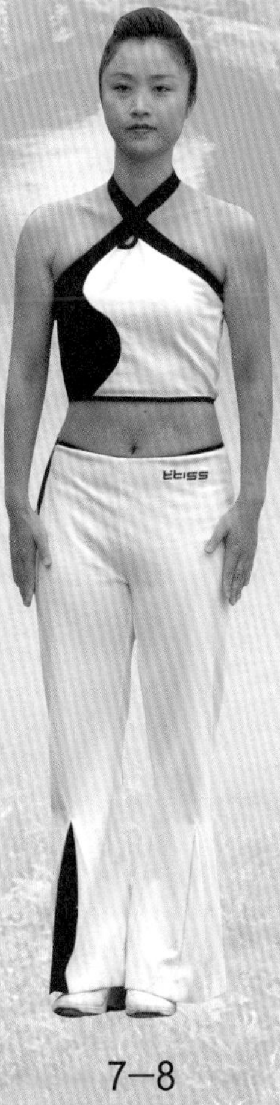

7—8

第三個八拍

1—2

右腿屈膝，左腿勾腳向前邁一步，向右擰身 90°，右臂側舉，左臂於胸前，掌心向下，做雙晃手，眼看右手。

左腿勾腳向前邁一步時，腹部肌肉依然用力。1—2 拍吸氣。

3—4

右腳向前跟一步，重心在前，左臂側舉，掌心向外，右臂側下舉，掌心向外，眼看右手。

隨著重心的轉移，整個腹部必須用力。3—4 拍繼續吸氣。

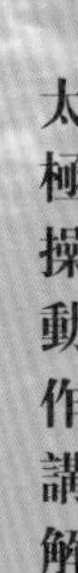

5—8

收腹，吸右腿成 90°，繃腳面，右臂前平舉，掌心向上，左臂側舉，掌心向外，眼平視前方。

右側腹直肌保持最大的張力，吸腿時雖然動作速度平均分配，但是意念中必須想到腹直肌慢慢用力。動作完成後，右側腹直肌應微微有灼熱感。5—8 拍呼氣。

第四個八拍

同第三個八拍，但左右方向相反。

1–2

3–4

5–8

第五個八拍

1—2

左腿向右後撤一步，右腿彎曲在前，兩臂經雙晃手後，右臂側平舉，立掌，左臂於胸前，眼看右手。

撤步時，腹部肌肉用力。1—2 拍吸氣。

3—4

左臂側上舉，左手托掌，右臂前下舉，掌心向內，左腿屈膝，重心後移至左腿，右腿屈膝在前，眼看右手。

雖然重心後移，但腹背肌必須伸長、用力。3—4 拍繼續吸氣。

5—8

立身吸右腿，右腿屈膝 90°，繃腳面，左腿在後支撐，左臂後上舉，左手托掌，右臂在前，屈肘，肘關節觸膝關節，右手立掌，眼看右手。

吸右腿時必須繃腳面，腿勻速向上時，上肢與下肢有微微相夾的動作要求，動作的發力以腹部牽拉為中心，使腹部肌肉充分得到鍛鍊，同時後背挺直，脊柱向上直立。5—8 拍呼氣。

第六個八拍

同第五個八拍，但換左腿做，左右方向相反。

1—2

3—4

5—8

第七個八拍

同第一個八拍，但左右方向相反。

1–4

5–6

7–8

第八個八拍

同第七個八拍，但左右方向相反。

1–4

5–6

7–8

第六節　腿部運動

一雙修長的腿是構成人體美的重要組成部分，腿的結構、長度是自然形成的，受遺傳基因影響，長度不可改變，但是，肌肉的形態、肌肉和脂肪的比例，肌肉的彈力，腿的動態的協調性和優美感，是可以靠訓練來完成的。目前，國際上比較提倡在足夠張力的前提下，拉長時間的長線條的腿部肌肉練習，其中普拉提訓練是比較有名和有效的。它是腿部在一個靜止的姿態上，所有的肌肉繃緊、拉長，而且控制一定的時間。實踐證明，它可以消耗腿部多餘的脂肪，使腿部的形態改變，達到比較完美的標準。太極操的腿部訓練與時代接軌，在動態中，實現靜力的訓練，是一種動靜結合的腿部訓練體系。腿部的運動，有拉長腿部韌帶的練習，有半腳掌支撐的練習，有大弓箭步靜力練習，有控制腿的練習等等。總之，其目的在於消耗腿部多餘的脂肪，塑造一雙修長而有彈力的美腿。

動作要點：

長。在以往傳統的練習腿部運動中，多為勾腳踢腿，踢前腿、側腿、騙腿、蓋腿、十字腿，且要求踢腿時不能超過自己頭部，使腿部肌肉線條收縮變短，長期訓練使腿部雖然靈活、有力，但是從形態上看是短粗的，不符合時代美的要求。所謂長，在腿部運動中要提倡，在意識中要把整個腿部的肌肉線條放長到極限，伸長腿部肌肉纖維的線條，不增大腿部肌纖維的橫斷面。

在靜力訓練中，同樣要拉長肌肉和韌帶，肌肉張力努力達到最大極限。在控腿時，空間的動力腿的肌肉和韌帶也要拉長到最大限度；在完成整體腿部動作時，意識集中在使其腿部及其他部位的肌肉線條放長。

第一個八拍

1—2

左腿向後移一步，重心在右腿上，右臂平舉，手劍指，左臂側平舉，手劍指，指心向前，眼向前平視。

兩手做劍指時，要符合劍指的美學規範要求，要具備中國傳統肢體語言的典型特徵。1—2 拍吸氣。

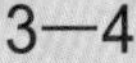

3—4

左臂上舉，手劍指，指心向上，頭左轉，眼向左側看。

左臂上舉時，頭和眼同時轉向前方，身體重心在左腿上，右腿肌肉線條放長，腳趾點地。3—4 拍繼續吸氣。

5—

左腿屈膝，身體前屈45°，左臂屈肘至胸前，同時右臂側後舉，劍指不變，眼向前下方看。

體前屈右腿伸直，繼續伸長拉直腿部。5 拍呼氣。

6—7

身體進一步前屈，重心仍在左腿，右腿伸直，綳腳點地，左臂伸直前舉，劍指，指心向內，右臂側後舉，指心向外，眼看左手。

體前屈，左手劍指，手指觸右腳背，此時，右腿後側韌帶拉長到最大極限。右臂劍指手儘量向側後背。第 6—7 拍繼續呼氣。

8—

向後撤右腳，兩腳半腳尖直立，兩臂上舉，右手在前，左手在後，手指相觸，眼往右下看。

半腳掌直立步，提臀，膝關節伸直，腿部所有肌肉向上拉長至極限，面向前，眼向右下側看。第 8 拍繼續呼氣。

第二個八拍

1—2

左腳向左邁一步，兩臂從上至側平舉，手心向下，眼看左手。

邁步時，腿部應保持一定的緊張度，右腿下蹲時，也應該保持一定張力。1—2 拍吸氣。

3—6

左腿在前，右腿在後，成弓箭步，兩臂側舉，掌心向下，眼看左手。

左腿在前，右腿在後，成 90°靜力大弓箭步時，全腳觸地，膝關節與腳趾在一條垂直線上，右腿肌肉必須拉長。3—6 拍繼續吸氣。

7—8

左腳後撤成正步，兩臂放下於體側，掌心貼腿，眼向前看。

左腳後撤收成正步時，雙腿肌肉用力。7—8 拍呼氣。

第三個八拍

1–2

左腳勾腳向左前 45°移一步，右腿屈膝在後，左臂右前下舉，右臂屈肘在左臂下，眼看左手。

左腳移步時，腿部肌肉放長用力，右腿屈膝時也用力。1–2 拍吸氣。

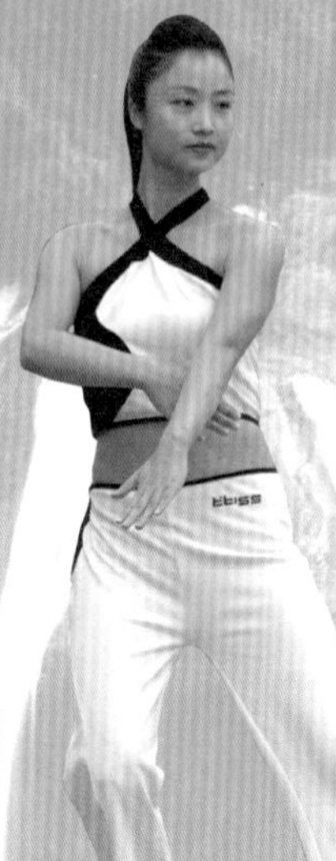

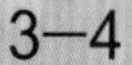

3–4

左腿向前直立，右腿跟步成右虛步，右臂上舉，掌心向前，左臂向下，掌心貼左腿側，眼向右前方看。

右腳跟離地、腳掌觸地，臀部上提，腿伸直，兩腿肌肉線條向上長，整個身體姿勢也要向上長，3–4 拍繼續吸氣。

5–6

右虛步下蹲，右臂側上彎舉，掌心向下，左臂於腹前彎舉，掌心向上。

做右虛步下蹲時，左腿支撐用力，右腳尖觸地，腳跟離地，左腿肌肉線條放長。5–6 拍呼氣。

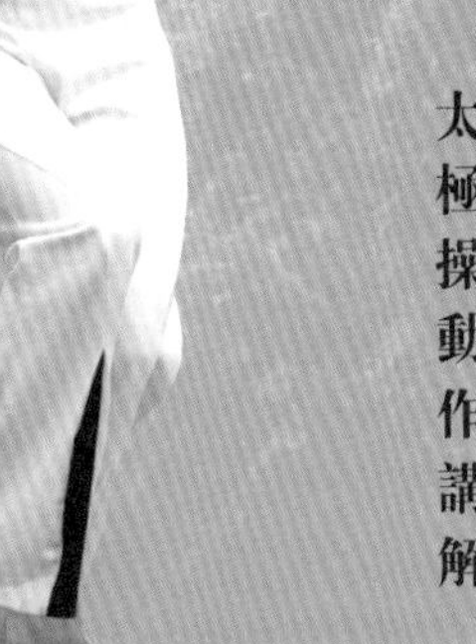

7–8

右虛步，繼續下蹲，上體微微後仰，右臂側彎舉，上臂與肩平，左臂至右前側彎舉，掌心向上，成右側抱球式。

做右側抱球蹲步時，腿部肌肉用力，肌肉線條放長，徐徐而降，上肢在意念中徐徐而升，形成一組抗力。7–8 拍繼續呼氣。

第四個八拍

1—2

雙手交叉至腹前偏右側，右臂在前，兩手掌心向上，眼看左前 45°方向，身體姿勢保持不變。

兩手交叉時，身體重心微微後移，右腿肌肉線條必須放長，腳尖觸地，腳跟離地。1—2 拍吸氣。

3—4

兩臂徐徐向上，右臂側舉，左臂前舉，掌心向外，眼看左手。

右腿上舉控腿時，支撐腿肌肉用力，腿部肌肉線條繃緊，慢慢直立。3—4 拍繼續吸氣。

5—8

左臂上舉，掌心向內，右臂側舉，掌心向上，右腿從下至上成商鞅腿，控制在 75～90°，兩臂成順風旗式。

左腿為支撐腿，伸直，腿部肌肉線條上長；右腿為商鞅腿，腳做攏式。7—8 拍時，兩手外旋 45°，掌心相對。控制此動作 4 拍。5—8 拍呼氣。

第五個八拍

同第一個八拍，但左右方向相反。

1—

2—

3–4

5—

6—

7—8

第六個八拍

同第二個八拍，但左右方向相反。

1–2

3–6

7–8

第七個八拍

同第三個八拍，但左右方向相反。

1—2

3–4

5—6
7—8

第八個八拍

同第四個八拍，但左右方向相反。

第七節　全身運動

做完太極操的胸部運動、腰部運動、腹部運動和腿部運動後，再做全身運動時有一種超然之感，如同水深任魚躍、天高任鳥飛的自由意境。

繃緊神經關注到每個局部操，完成動作的意識此時完全被衝破並得以發揮，最大極限釋放你的情懷，用具有藝術感染力的肢體動作，抒發內心的自由，享受肢體被徹底解放的愉悅和幸福。

第七節是太極操的高潮段落，可以訓練練習者的協調性、表演性和藝術性，使練習者達到天人和一的美妙境界。

要點提示：

放。泛指身心的釋懷，在獲取了太極陰陽的哲學思想後，精神上顯得無比自由，在提高自己健康水準的同時，體形又增加了幾多時尚和動人的魅力。

放，又指在做此節全身運動時，動作舒展大方，在練習者控制的範圍之內，做到收放自如。

第一個八拍

1—2

左腿後撤一步成右弓箭步，右臂前上舉，左臂右前舉，掌心向外，眼看右臂，開始做 4 次平雲手。

平雲手即手臂外旋 45°、手心向外撐的畫圓運動。1—2 拍吸氣。

3—4

右腿向後做平移步，同時左臂側彎舉，立掌，眼看左手，右臂從前側舉至左前彎舉。

特別強調手、眼、身、法、步的配合，眼一直隨雲手而動，不可稍加偏移。3—4 拍繼續吸氣。

5—6

左腿向左側移一步，左腳趾觸地，右腿屈膝成弓箭步，右臂前側舉，掌心向前，左臂至右前彎舉，掌心向外，眼看右手。

繼續做平雲手運動，強調以腰為軸的身體協調晃動。5—6拍呼氣。

7—8

右腳向左移重心成右虛步，左臂側舉，掌心向外，右臂於胸前彎舉，掌心向左，眼看左手。（平雲手做完）

做四次平雲手時，身體一直保持平穩，身體不可起伏或左右晃動。7—8拍繼續呼氣。

第二個八拍

1—2

向右側做 90°轉體，右腿向側邁一步，成弓箭步，兩臂前舉，右臂在上、左臂在下，兩手翻花成托掌式，眼看右手。

轉體時，動作要迅速而平穩，兩手翻花要做到小巧靈活。1—2 拍吸氣。

3—

重心從右側移，轉體至前，成馬步，兩手做托掌式，眼看手。

動作軌跡要清晰可見。右手觸左手時，有向前擠壓之感。第 3 拍繼續吸氣。

4—

重心移向左側成弓箭步，兩臂前舉，右掌心向外，左掌心向內，兩手相觸。

第 4 拍繼續吸氣。

5—6

向右轉體 180°，兩腿屈膝，左臂前舉，掌心向下，右臂側後舉，掌心向後，眼往右下方看。

強調動作瀟灑，身體相對放鬆，不要做作。5—6 拍呼氣。

7—8

收左腳，兩腿直立成丁字步，左臂前舉，掌心向上，右臂後上舉，掌心向前，昂頭，眼向前上方看。

此動作強調頭頂天、腳踏地，有頂天立地英雄之感覺，氣勢磅礴。右臂經側下舉至側上舉，掌心向前。7—8 拍繼續呼氣。

第三個八拍

1—2

左腿屈膝，右腿勾腳向右側邁一步，右臂在前彎舉，掌心向上，左臂屈肘於胸前，眼看右前方，開始向右做平抹 360°轉體。

右手在下，左手在上。1—2 拍吸氣。

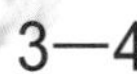

3—4

兩手在肩側做彎舉，掌心向前，頭向右側看，兩腳碾轉，順時針轉體 90°。

碾轉時，身體保持平穩，不能上下起伏。3—4 拍繼續吸氣。

5—6

繼續順時針轉體 90°，兩腿屈膝，右腿在後、左腿在前，做碾轉步，兩臂屈肘前舉，與肩同高，掌心向外，做抱球式。

兩臂從耳後做向前推掌時，掌心必須向前。5—6 拍呼氣。

7—8

兩腳做碾轉，繼續順時針轉體 90°，兩手抱球向前推，眼向前視，姿勢不變。

轉體向前，掌心向前做兩臂胸前抱球勢；做碾轉時必須保持身體平穩，不可忽高忽低。7—8 拍繼續呼氣。

第四個八拍

1—2

兩腿伸直，半腳掌站立，右臂向右後做側晃手後上舉，掌心向右側，左臂胸前彎曲，左手搭在右臂上，眼向前看。

做半腳掌直立的同時做右臂晃手，眼向右側上方，然後回身向前看。1—2 拍吸氣。

3—4

右腿向後撤一步，左腿屈膝在前成弓箭步，同時身體前傾，右臂前下舉，掌心向上，左臂胸前屈肘，左手觸右上臂，頭微低、眼看右手。

從右腿撤步到完成整個造型，須一氣呵成，中間不能有停頓。3—4 拍繼續吸氣。

5—

兩腳掌著地成並立步，右臂向右後做晃手成上舉，掌心向前，左臂屈肘於胸前，同時身體順時針轉體 90°，眼看前方。

動作要有力度，要有精神，脊柱向上立。第 5 拍呼氣。

6—8

身體向左轉體 90°，左腿向前一步，右腿屈膝成虛步，左臂經上向左側划臂成左側下舉，撐掌，右臂側上舉，掌心向側，成白鶴亮翅式。

白鶴亮翅要做得大氣，動作充分到位，不可線條短、矮，眼正視前方。6—8 拍繼續呼氣。

第五個八拍

同第一個八拍，但左右方向相反。

1－2

3－4

5—6

7–8

第六個八拍

同第二個八拍，但左右方向相反。

1—2

3–4

7—8

5—6

第七個八拍

同第三個八拍，但左右方向相反。

1–2

3–4

5—6

7—8

第八個八拍

同第四個八拍，但左右方向相反。

1－2

3－4

5–
6–8

第八節　恢復運動

無數實踐證明，在鍛鍊的時候心率、血壓有一定的提高。身體在得到充分的鍛鍊後，不能馬上休息，否則可能出現傷害事故。如心血管猝死，肺部的肺栓塞、肺阻滞、肌肉痙攣等嚴重的病症。所以，太極操的恢復和整理運動可以使心率慢慢降下來，全身的肌肉張力恢復到自然的狀態，心血管系統也恢復到練習前的常態，使人的健康得到關愛和保護。

動作要點：

大。這裏的大，泛指大氣，也指天人合一。恢復時強調深呼吸，動作緩緩地慢下來，心率降下來，內臟器官經調理後也達到練習前的常態。

做以上動作的時候，動作的幅度要大、慢、緩、靜，這裏簡稱大，使人和自然相結合，和空氣、地氣相結合。

第一個八拍

1—2

左腳向左側一步，成開立步，與肩同寬，兩臂側下舉，掌心向前，眼向前看。

左腳向側邁步時，隨著音樂節奏，首先心和意念要靜下來，肌肉慢慢鬆弛下來，心率也慢慢降下來。鬆弛是這裏強調和要求的。1—2 拍吸氣。

3—4

兩臂從側下舉向上至上舉，掌心相對，眼向上看。

兩臂經側至上舉時，掌心相對，吸氣時以鼻為主，同時嘴微微張開，也做吸氣狀，加強深呼吸的品質。3—4 拍繼續吸氣。

5—6

兩臂屈肘，手至頭上方，掌心向下，眼看手。

似乎有清晰的空氣從天而降，兩手似乎可以觸摸到，呼氣時使積蓄在體內的濁氣（二氧化碳）深深地吐出。5—6 拍呼氣。

7—8

兩臂屈肘從頭上至胸前，掌心向下，眼看手。

將體內的濁氣深深地吐出來，身體動作緩慢下來，心靜下來。7—8 拍繼續呼氣。

第二個八拍

1—2

屈膝，兩臂屈肘經腋下做外旋，眼看左臂。

深深地吸一口氣，同時下蹲，兩臂經腋下做外旋。1—2拍吸氣。

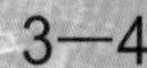

3—4

兩腿成馬步，兩臂外旋後成側舉，掌心向下，眼看左手。

兩臂側舉時，保持馬步體位不變，不能有晃動，有意識地使肌肉放鬆下來。3—4拍繼續吸氣。

5—6

保持馬步不變，兩臂從側舉至前舉，掌心向下，眼看前方。

兩臂從側舉至前舉時，呼氣以嘴為主，以鼻呼相隨，呼氣要加深、加重，呼氣的流量要大。5—6 拍呼氣。

第三個八拍

同第一個八拍。

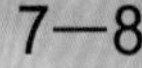

7—8

左腳收成正步，兩臂下落於體側，掌心與大腿側相觸。

收成正步時，同時深深向外呼氣，身體所有肌肉放鬆。7—8 拍繼續呼氣。

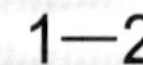

1—2

3–4

5—6

7—8

1—2

第四個八拍

同第二個八拍，但頭向右轉。

3—4

5–6

7–8

我用音樂寫「太極」

《太極操》音樂作曲　溫展力

受中央電視臺科教節目製作中心的委託，我榮幸地接受了為「太極操」創作伴奏音樂的工作。「太極」理論可以說是中國古代哲學思想與傳統文化的基礎。

從最早見於《周易・繫辭上》的「是故易有太極，是生兩儀，兩儀生四象，四象生八卦」的這一文獻記載來看，所謂「太極」，是指在宇宙天地未開時的混沌狀態。它既是中國易學和哲學闡述世界本原的範疇，也是世間萬物衍化的源頭。而繼「太極」派生出來的「兩儀」則是指陰、陽二儀，二者既是從太極中繁衍出來的一對矛盾統一體，又可以說是事物運動的一般規律。至於「四象」，則是事物運動具體的四個過程，或者說是四個程式，象徵著春夏秋冬四個時節。

「太極」理論自其誕生以來，歷經數千年，時至今日，仍為我們中國人描述世間萬物提供著思想來源。

「太極操」雖然依據「太極」理論而編創，但並非是要向人們陳述千年的哲學思想，其本身更多的是為了適於今天的人們在繁忙的社會生活中得以鍛鍊身體、修養身心之用。因此，古老的「太極」理論勢必要與今天全球化、多元化的社會相接軌，而博大精深的「太極」理論，也絕非善於抒情的音樂藝術所能夠準確表達的。

所以，在音樂的構思上，我除了要為「太極操」練習者提供一個健身操所需要的節拍律動之外，更重要的是考慮如何從音樂語言本身出發，使音樂既可以在宏觀的聽覺上呈現出「太極」的韻味，又可以在微觀的創作手法上體現「太極」的思維邏輯。這種由內而外、由表及裏對「太極」思想在不同層面的滲透式處理，不僅是該作品作為「太極操」伴奏音樂所必須考慮的，也是其自身受音樂藝術規律支配的必然選擇。

為此，我為「太極操」伴奏音樂選擇了古琴、簫與管弦樂隊協奏這樣一種類似西方音樂中「雙重協奏曲」的音樂體裁。就我國現有的出土文物考證，「琴簫合奏」的樂器組合形式，至少始於漢代。而在中華文明幾千年的發展過程中，人們又常常把「琴」「簫」兩字結合在一起，以表達一種和諧的關係。因此，琴聲的鏗鏘和簫聲的委婉，與「太極」理論在中國古代哲學和傳統文化中的地位類似，完全有理由作為中華文明在聲音領域中的一種標誌。而在這兩件具有幾千年歷史的樂器背後，作為協奏的交響樂隊，雖然是今天音樂領域中一個頗具全球化的「標準格式」，但也只是近幾百年來才在西方社會中逐漸形成與完善起來的。因此，「太極操」伴奏音樂所選用的協奏曲這種體裁在音樂形式所特有的「競奏」關係，以及在樂器組合上那局部的一彈一吹、一絲一竹，與整體的一中一西、一古一今，可以說是「太極」理論在今天人們的音樂生活中較為恰當的表述形式。

樂器的選擇在整個音樂創作中面臨最直接的問題，是如何處理中西兩種不同律制的樂器在音響上的關係。這甚

至也是當今中國音樂界執著探索的問題之一。這一難度，很可能猶如把中國太極理論與西方體操文化融合為一體的難度。面對這樣的音響學問題，我除了使兩種不同律制的樂器進行充分的對比之外，更多的考慮是二者之間的平衡問題。因此，作品選擇了在時間上對兩種不同律制的樂器進行不同程度的橫縱交錯，適當地對這一矛盾進行調和。

比如第四節操的開始處，我刻意將聲音圓潤而暗淡的簫聲緊隨聲音透徹而明亮的雙簧管而出。二者之間雖然只相差一小節的旋律模仿關係，卻使得兩種完全不同律制的樂器音響之間的棱角被沖淡。

再比如第七節操處交響樂隊全奏的飽和音響與第八節操處清秀淡雅的「琴簫合奏」之間，我則是利用了在極強的響度之後，心理聲學上存在的短時間的聽覺遮罩效應，來使得兩種律制之間的矛盾被聽者所忽視，同時也使得西方音響美學上所強調的「共鳴」與東方音響美學上所強調的「和而不同」得到了充分的對比。

作為普通練習者所關注並能清晰辨別的音樂旋律來說，「太極操」伴奏音樂是由多個非常類似但又不完全相同的主題旋律組成。這些旋律可以說全部派生自樂曲開頭由豎琴與絃樂隊勾勒出來的引子當中。這樣，從微小的音樂細胞開始，不僅在音樂的逐漸展開中為旋律本身的逐層分裂、逐漸消融到整個音樂的背景氣氛中去做好了鋪墊，也為這些旋律逐層繁衍、逐一亮相，並試圖在旋律發展中去陳述它們之間的內在邏輯關係作出了充分的保證，就如同太極圖陰陽魚的相互包融，你中有我，我中有你。

在樂曲中，最常見的多個旋律之間的相互疊置、時而模仿、時而對比的處理方式，完全是為了增強這些同出一轍的多個旋律之間的協調與差異。這裏，我刻意使用的、在中國民族和聲理論中被視為圭臬的和絃代替音技巧以及現代和聲技法中頗為常見的平移和絃技法，則是為了把這些同出一轍的多個旋律沉浸在一個內部相對穩定的和聲背景下。這樣的和聲背景，既有助於整個音樂「太極」氣氛的營造，也可以使這些類似旋律不會為了過分追求個體之間的差異，而喪失了整體的平衡。

在樂曲的結束處，在樂隊全奏所營造出來的樂曲高潮之後，飽和的音響中所甩出的、由琴與簫重疊在一起所演奏的、兩個相對主要的旋律，則是整個樂曲由細微結構出發逐漸膨脹後的回歸，這種喧囂後的平靜，則是試圖對一種「萬變不離其宗」的思想境界的直接強調。

從音樂的整體結構上講，「太極操」伴奏音樂採用了類似中國傳統音樂結構中常見的「起承轉合」這樣一種內部相對平衡的音樂結構形式。這種由四個部分組成的音樂結構，其實完全可以看做是「太極」理論在中國傳統音樂形式上的體現。在音樂與動作的結合上，在不損傷音樂的完整性的同時，我把動作與音樂的配合，理解為身心之間的分別表述，儘量注意「張」與「弛」在身心節奏上的對比與統一。音樂時而與動作同心協力、團結一致，時而又與其分庭抗禮、各表一章。比如第五節操處，我刻意置以音樂四部結構中「轉」的段落，使得音樂上的「稍有澎湃」，與動作上的「看似簡單」形成鮮明的對比。這種音樂上「緊」與動作上「鬆」之間的配合，其實是為了強調該節操的鍛鍊目的而特意為之的。

此外，從音樂的整體風格的處理上來說，作品大量使用了「滑音」這種由幾代中國音樂家所共同創造出來的、目前在國際音樂環境中被普遍認同的「中國符號」。雖然這多少會使得在傳統意義上並不擅長演奏滑音的交響樂隊製造出一些不同的效果，但這些特殊效果的使用，既是作品本身對傳統意義上交響樂隊的改變，也是促成作品的音樂整體風格在「東」與「西」、「古」與「今」之間融會貫通的保證。

當然，音樂創作上的一些細節，並不一定能被每一個「太極操」練習者所洞察，而音樂本身也決非文字解釋可以替代。但我相信，在創作細節上的一些處理以及上述的文字說明還是非常必要的。未必在音樂創作中融進「太極」的思維邏輯，而非簡簡單單的賦予一個「太極」的名稱，才是「太極操」伴奏音樂本身應該有的氣質。

希望我創作的音樂，能為每個「太極操」練習者提供一個優質的練習「環境」，也希望我的音樂，能為「太極操」帶來更多的練習者。

一段難忘的經歷

《太極操》動作示範　邱慧芳

我是在《太極操》創編的收尾階段加入進來的，當時中央電視臺《運動空間》欄目製片人、導演以及兩位創編人孫玉坤、崔仲三老師正在物色示範人選。我認為我能被選為《太極操》動作示範人，是自己的太極拳專業背景和一些電視出鏡經歷打動了他們。當我後來看到了《太極操》的全貌，聽了創編者的闡釋，再瞭解到導演與製片人的要求，我就知道這對於我來說既是一次機會，更是一次挑戰。

從學習太極操到進入拍攝，前後花了將近兩個月的時間。由於沒有任何相關資料和影像教材可供參考，因此，更需要與兩位元創編者孫玉坤和崔仲三老師進行面對面的交流與溝通。

對於我來說太極拳是老本行，而這恰恰成為我最難以克服的障礙，在演練中，我自然而然地會帶出非常強的太極拳動作痕跡，而太極操則需要把體操甚至舞蹈、戲曲等眾多動作元素與太極拳的處處化柔、時時帶圓、身心合一、神形兼備的神韻完美結合起來，要求挺拔伸展，把每一個動作做到極致又不失規範，體現出長線條的身體美。為此，節目組還特意給我準備了健美操、芭蕾舞、現代舞等光碟。幸虧在我小的時間接受過武術啟蒙教練專門安排的很多舞蹈方面的訓練，否則在短時間內還真的很難達到

要求。這時我才深刻理解到什麼叫藝不壓身。

在經過前期一系列的準備工作後，2007 年 8 月 24 日，我們來到了貴州省黃果樹風景區，光器材就拉了一車，其中還有一套高清設備。按照導演的要求，八節操要根據內容和情緒的變化，在 8 個不同的背景下拍攝，內容講解部分也要選擇合適的拍攝地點。黃果樹的美不一般，霸氣中帶著溫柔，讓人時而感歎，時而窒息，時而輕噓，時而低思。在氣勢磅礴的大瀑布下，在清秀幽清的竹林中，在曲折蜿蜒的流水旁，在古色古香的石頭寨裏，大自然的美感染了我們，也給了我們更多的創作靈感。

站在瀑布下，抬頭仰望直沖而下的銀盤，我們不約而同地脫口而出：「第五節，腹部運動，太適合這裏了，剛勁有力，灑脫自然。」漫步在石頭寨中，滿眼都是純樸的青灰色，小碎石鋪成的地面，經過風雨洗刷，早已打磨得光滑圓潤了，轉過一道石屋，豁然間眼前一亮，遠處幾座大山若隱若現在雲霧中，在一大片綠絲絨般的田野上，顯得飄渺而又夢幻，綠絲絨的旁邊映襯著純淨、銀亮的水波，就如同鑲了一圈水鑽。「小邱，快感覺一下，練練第四節，腰部運動。」是孫老師的聲音將我從夢境中拉回。是的，柔美的第四節腰部運動，就好像這美麗的風景一般，柔腸百轉，連綿不斷。在一處處的景色裏，我們早已被醉倒了，每到一個地方我們都有新的想法，新的靈感，大家興致勃勃，完全忘記了旅途的疲勞。

記得在北京的時候還難以理解導演所提出的：每節操都要賦予不同的感情，並在動作和表情上體現出來。也許是被這美麗的風景所感染，進入拍攝以後，我似乎一下子就找到了感覺，將自己的情感和思緒一一體現在每一節操中。在與兩位創編者、導演的藝術溝通中，在嚴謹而又高強度的拍攝下，前期的預想實現了。雖然拍攝任務很艱苦，但大家還是笑聲不斷，將所有的辛苦和汗水揮灑在這一刻。

《太極操》的形成，傾注了太多人的心血，她就像一個初生的嬰兒，在幕前、幕後的工作人員以及社會各界的精心呵護下茁壯成長。都說一件成功作品的背後，是無數雙勤勞的手在推舉，確實如此。我們忘不了孫玉坤老師在右臂嚴重受傷的情況下，每天吃著止痛藥堅持工作；崔仲三和喻繼紅老師不顧辛苦，堅持走遍黃果樹的每一寸土地，生怕漏掉好的靈感；導演、攝影師可以為拍攝一個好的鏡頭，不顧危險；還有我們的化妝、錄音、場記等等，每個人都有故事。

還記得在開拍之前，當聽到導演說整個教學節目的拍攝至少需要 10 天（後據最終統計，加上在北京和焦作拍攝 8 個群體演練的時間，一共拍攝了 15 天），還都不理解，但現在大家都明白了這十幾天的意義。

《太極操》的普及推廣還有很長的路要走，我相信在這麼多人的努力下，她一定會越走越穩，越走越快，在未來的日子裏逐漸長大並成熟，在眾多的運動形式中展現她獨特的魅力！

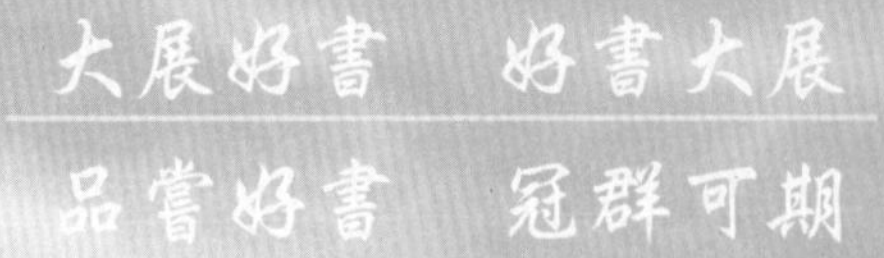
大展好書　好書大展
品嘗好書　冠群可期